CH. RENÉ-LECLERC

DÉLÉGUÉ GÉNÉRAL DU COMITÉ DU MAROC A TANGER

Le Maroc

NOTICE ÉCONOMIQUE

Petit guide de l'immigrant

PARIS

LIBRAIRIE PAUL GEUTHNER

68, rue Mazarine, 68

—

1911

I. — Périodiques

L'Afrique française (Organe du Comité du Maroc), mensuel, *21, rue Cassette*, Paris....... Abonnement : **20 fr.** par an
L'Indicateur marocain (Revue mensuelle d'études économiques). Administration : Tanger
 (*Maison Fabarez, Grand Sokko*) .... **5** ··
La Dépêche marocaine (quotidien), *rue de Tétouan*, Tanger.. .... **30** ··
La Vigie marocaine (tri-hebdomadaire), Casablanca................... .. .. **16**

II. — Ouvrages pratiques et didactiques

TITRES	AUTEURS	LIEUX DE PUBLICATION ET DE VENTE	PRIX
Le Maroc............................... ..	*Cousin et Saurin*.....	Paris, Librairie du Figaro.............. .	8 fr.
Annuaire du Maroc	*Fontana*	Alger, rue Pélissier, 3	10 "
Le Maroc d'aujourd'hui................	*Eug. Aubin*	Paris, Librairie Armand Colin, 5, rue de Mézières...........	5 "
Le Maroc septentrional	*Ch. René-Leclerc*	Paris, Librairie Paul Geuthner, 68, rue Mazarine et Comité du Maroc, 21, rue Cassette ; Imprimerie marocaine et Délégation du Comité du Maroc à Tanger.	3.50
Livret-guide du voyageur au Maroc.........	*id.*		1 "
Le Commerce et l'Industrie à Fez...........	*id.*		2 "
Fez (Notice économique)............ .. .	*id.*		1 "
Situation économique du Maroc (1908-1909) .	*id.*		4 "
Les Confins algéro-marocains	*Augustin Bernard* ...	Paris, Emile Larose, 11, rue Victor-Cousin	12 "
L'Œuvre française en Chaouïa..	*J. de Lacharrière*....	Comité du Maroc, 21, rue Cassette........	3 "
Collection des Archives marocaines	*Mission scientifique* ..	Paris, Librairie Leroux, 28, rue Bonaparte. (*Se renseigner.*)	
Collection du Bulletin de l'Afrique française et du Comité du Maroc......	*Comité du Maroc*	Paris, 21, rue Cassette. (*Se renseigner.*)	

Le Maroc

NOTICE ECONOMIQUE

CH. RENÉ-LECLERC

DÉLÉGUÉ GÉNÉRAL DU COMITÉ DU MAROC A TANGER

Le Maroc

NOTICE ÉCONOMIQUE

Petit guide de l'immigrant

PARIS

LIBRAIRIE PAUL GEUTHNER

68, rue Mazarine, 68

—

1911

INTRODUCTION

De plus en plus, le public français semble s'intéresser au Maroc. Ceux qui se renseignent sur ce pays et sur ses possibilités économiques sont plus nombreux qu'il n'y a quelques années. Plus nombreux également sont ceux qui songent à aller voir le Maroc, à s'y fixer, et enfin ceux qui y viennent effectivement, qui parcourent et étudient les régions où ils cherchent à se créer des intérêts, à déployer leur activité.

Ils ne rêvent ni d'explorations ni d'études scientifiques. Ils ont entendu dire qu'avec de la bonne volonté et de la patience on peut arriver à se tailler une place dans le commerce, dans l'agriculture du Maroc. Et leur premier désir est d'acquérir sur ce pays des notions précises, rapides, encourageantes si possible.

Tous ceux qui se sont préoccupés de vulgarisation coloniale le connaissent bien ce public spécial des touristes d'outre-mer, des émigrants pleins de bonne volonté, public sympathique qui ne s'embarque pas à la légère, qui veut se documenter avec un minimum d'efforts et à peu de frais, qui se laisse facilement rebuter par le renseignement douteux ou incomplet.

Il y a l'esprit aventureux qui cherche à savoir « ce que l'on peut faire au Maroc » ; il y a le commerçant qui voudrait exporter ses articles au Maroc, y acheter des produits, ou encore y créer un magasin, un entrepôt ; il y a l'apprenti éleveur qui a entendu parler quelque part des troupeaux de la Doukkala ou du Rarb, le futur colon qui connaît par ouï-dire la Chaouia et la région d'Oudjda ; il y a le touriste qui veut passer quelques journées instructives au Maroc, ou encore l'homme d'affaires qui tient à aller se rendre compte sur place de la véritable situation du pays ; il y a enfin le simple lecteur, qui n'a point pensé à sortir de chez lui, qui n'ira peut-être jamais au Maroc, mais qui lirait volontiers sur ce pays quelques pages rapides et sommairement documentées.

Aux uns et autres il faut une modeste brochure résumant ce qu'ils cherchent à connaître ou ce qu'ils ont besoin de savoir, un vade-mecum leur évitant l'achat de ces gros livres encombrants où le profane sait mal distinguer, au milieu des détails abondants, les notions pratiques qui lui sont nécessaires.

Le Canada, la Tasmanie, et d'autres colonies anglaises, excellent

— 4 —

dans l'art d'éditer à l'usage des immigrants, des colons, des voyageurs, ces manuels de propagande qui doivent instruire et encourager les gens avides de se créer outre-mer une existence nouvelle. L'Office colonial à Paris, le Gouvernement tunisien ont également mis en circulation des Notices analogues qui, peu à peu remaniées, sont devenues des modèles du genre.

L'heure n'est pas encore venue d'établir, pour le Maroc, des publications appartenant strictement à cette catégorie de publications qui font un véritable appel à l'immigration et qui, au surplus, sont des œuvres d'État, tirées à des milliers d'exemplaires et répandues à profusion, gratuitement ou presque.

Toutefois, sans prétendre imiter ces ouvrages de vulgarisation que seules les administrations officielles peuvent se permettre de lancer, j'ai pensé qu'une Notice sur le Maroc, établie sur le même principe et destinée au gros public, pourrait rendre quelques services et intéresser les catégories de personnes que j'indiquais plus haut, celles qui ne recherchent pas spécialement une documentation copieuse et détaillée. Ce petit livre n'a pas d'autre objet : il s'efforce de condenser, dans un espace aussi réduit que possible, ce qu'il est essentiel de savoir quand on veut se rendre au Maroc, quand on se propose d'y voyager, d'y vivre, d'y créer des intérêts, ou même lorsqu'on désire simplement posséder un tableau d'ensemble sur l'existence sociale, administrative, économique des Européens et surtout des Français au Maroc.

Il me reste à souhaiter que cette première édition — dont je ne me dissimule ni les imperfections ni les lacunes — soit favorablement accueillie par ceux qui seront appelés à y puiser leurs premiers renseignements marocains. Si cet accueil est encourageant, d'autres éditions suivront, remaniées et tenues à jour, pour continuer à indiquer à nos compatriotes la voie déjà tracée par ceux qui les ont précédés au Maroc, l'œuvre accomplie par la France en ce pays, la mesure où elle permet de s'aventurer sur l'esquif marocain, d'y engager sa fortune, ses espoirs et son activité.

R. L.

CHAPITRE PREMIER

VOYAGES

Comment on voyage au Maroc [1]

A) De Paris à Tanger

VIA	ITINÉRAIRE	COMPAGNIES	DURÉE DU VOYAGE	PRIX DU VOYAGE		
				1re classe	2e classe	3e classe
Espagne (Voie de terre)	Paris .... Orléans .... Bordeaux .... Irun .... Madrid .... Cordoue .... Algésiras (ou Cadix) Tanger	Orléans .... » .... Midi .... Chemins de fer espagnols...... » .... » .... Correos de Africa (paquebot-poste)........................	4 jours	300 à 325 fr.	200 fr.	130 fr.
Marseille (Voie de mer)	Direct sur Tanger.	P.-L.-M. (chemin de fer)	14 heures de chemin de fer.	96.15	65.15	42.50
		Paquet (Cie française) (Le 1er et le 16 de chaque mois).		60 fr. (2)	40 fr.	30 fr. (pont)
		Rotterdamsche Lloyd (Cie hollandaise) (Tous les 15 jours).	(Entre 68 et 75 heures)	125 »	70 »	35 »
		Deutsche Ost-Afrika-Linie (Cie allemande) (Tous les 21 jours)		137.50	82.50	55 »

(1) Consulter, du même auteur, *Livret-Guide du voyageur au Maroc*. Tanger, Imp. marocaine. — 1 fr.
(2) Nourriture non comprise.

VIA	ITINÉRAIRE	COMPAGNIES	DURÉE DU VOYAGE	PRIX DU VOYAGE		
				1re classe	2e classe	3e classe
Marseille	Avec escale à Oran, Nemours, Melilla, Malaga, Gibraltar	Cie Touache (française)........	1 semaine....................	125 »	90 »	50 » (1)
	Avec transbordement à Gibraltar.	Peninsular-Oriental (Cie anglaise) (46 heures).........	46 heures de Marseille à Gibraltar..................	135 »	110 »	
		Orient Line (Cie anglaise) (46 heures)................	3 heures de Gibraltar à Tanger			

B) De Paris à Oudjda et région Algéro-Marocaine

VIA	ITINÉRAIRE	COMPAGNIES	DURÉE DU VOYAGE	PRIX DU VOYAGE		
				1re classe	2e classe	3e classe
Marseille	Marseille-Nemours par mer	Navigation mixte ou Touache (Cie française) (Tous les mercredis)....................	4 jours	110 »	80 »	45 » (2)
	Nemours-Oudjda p. Marnia (en diligence)...........	Service de messageries	8 à 9 heures		de 6 à 8 fr.	
Marseille	Oran (par mer) ...	Cie transatlantique............	36 heures..............	100 »	75 »	40 » (3)
	Oran-Marnia (chemin de fer)	Ouest-Algérien	7 heures................	22,20	15,85	11,90
	Oudjda (4) (Autobus)...............	Cie de Messageries	1 heure.................		de 2,50 à 3 fr.	

(1) Et 25 fr. sur le pont.
(2) Pont 20 fr.
(3) Pont 15 fr.
(4) A Marnia ou à Oudjda, se renseigner sur les services de voitures desservant Port-Say, Saïdia, Martimprey, Berkane, El-Aïoun, Taourirt, Berguent.

C) De Tanger à la côte marocaine

Par mer		Compagnies	Durée du voyage	1re cl.	2e cl.	Pont
	a) Tanger à Casablanca	*Cie Paquet* (Cie française) (Les 2, 4, 9, 17, 21, 25 de chaque mois)	14 heures	40 fr.	30 fr.	20 fr.
		Royal Mail et *The Power steamship Company* (Cies anglaises)	Pour heures de départ et prix du passage se renseigner aux Agences, à Tanger.			
		Oldenburg Portugiesiche (Cie allemande)	Variable suivant les escales.	40 p. e.	....	15 p. e.
		Correos de Africa (Cie espagnole)	id.	53 p. e.	40,50 p. e.	30,25 p. e.
	b) Tanger–Larache	*Cie Bland Line* (Cie anglaise) *Cie du Quetzal* (Espagnole) Pour les jours de départ se renseigner aux Agences, à Tanger	5 heures	10 p. e.	....	5 p. e.

VIA	ITINÉRAIRE	COMPAGNIES	DURÉE DU VOYAGE		PRIX DU VOYAGE		
					1re cl.	2e cl.	Pont
Par mer	*c)* Tanger aux autres ports de la côte marocaine	*Cie Paquet* (Le 4 et le 21 de chaque mois)	Impossible à préciser	Tanger-Larache	20 p. e.	....	10 p.e.
				» Rabat	30 »	....	15 »
				» Casablanca	40 »	....	20 »
				» Mazagan	50 »	....	25 »
				» Saffi	60 »	....	30 »
				» Mogador	70 »	....	35 »
		Oldenburg Portugiesiche (1) (Cie allemande)	Impossible à préciser	Tanger-Larache	20 p. e.	....	5 p.e.
				» Rabat	30 »	....	10 »
				» Casablanca	40 »	....	15 »
				» Mazagan	50 »	....	20 »
				» Saffi	60 »	....	25 »
				» Mogador	70 »	....	30 »

(1) Pour d'autres départs effectués par d'autres Compagnies, se renseigner aux Agences, à Tanger.

ITINÉRAIRE	COMPAGNIES	DURÉE DU VOYAGE	PRIX DU VOYAGE		
			1re classe	2e classe	Pont
D) Autres itinéraires maritimes					
Tanger-Ceuta	*Correos de Africa* (Cie espagnole).	3 heures	15 p. e.	....	7 50 p.e.
Tanger-Tétouan........	Cie *Bland Line* (anglaise).........	6 heures	10 »	....	5 »
Tanger-Melilla	Cie *de Navigation mixte* (franç^{se}).	12 heures	50 fr.	40 fr.	10 fr.
Oran-Melilla	—	30 heures (escales comprises)......	50 »	40 »	10 »
Oran-Tanger	Cie *Paquet* (française).....,.......	24 heures	68 »	48 »	20 »
Alger-Tanger	Cie *Nederland* (hollandaise)......	38 heures	75 »	50 »	31 50
Tanger-Gibraltar.......	Cie *Bland Line* (anglaise).........	2 h. 1/2	15 p. e.	7 50	3 p. e.
Tanger-Cadix	*Correos de Africa*...............	6 heures	27 »	....	12,50 p.e.

E) Hôtels

VILLES	DE PREMIER ORDRE		DE DEUXIÈME ORDRE		AUBERGES	
	Nom de l'hôtel	Prix de la journée	Nom de l'hôtel	Prix de la journée	Nom de l'hôtel	Prix de la journée
Tanger	Villa de France....	de 8 à 12 fr.	Hôtel du Lion d'Or.	6 à 7 fr. (1)		
	Hôtel Cecil........	12 à 15 fr. (1)	Hôtel des Gourmets	5 à 6 fr.		
Tétouan			Hôtel Dersa	5 à 6 p. e.		
			Hôtel Calpe........			
Casablanca			Hôtel Central......	8 à 10 fr.		
Larache			Hôtel Gros	10 p. h.		
Rabat			Hôtel Ignace.......	10 fr.	Hôtel Alegria......	6 à 10 p. e.
Mazagan			H. de France et de l'Univers	6 fr.		
Saffi			Saffi-Hôtel.........	6 à 10 p. e.		
Mogador			Hôtel du Royal Mail	12 fr. 50		
Marrakech					Marrakech-Hôtel ..	10 p. h.
Melilla			Hôtel de Asia......	6 à 8 p. e.		
Ceuta			(Posadas)..........	5 à 7 p. e.		
Oudjda (2)			Hôtel Simon.......	7 fr.	Hôtel Figari	5 fr.

(1) Suivant la durée du séjour.
(2) Auberges à El-Aïoun, Berkane, Martimprey, Taourirt (Amalat d'Oudjda). — Hôtels à Marnia et à Port-Say (frontière algérienne).

F) Distances entre les ports du littoral marocain

PORTS	MILLES	KIL.
Port-Say (petit port algérien) à Melilla (port espagnol) . .	45	73
Melilla-Alhucémas (place espagnole dans un îlot, en rade d'Ajdir).	65	104
Alhucémas-Peñon de Velez (place espagnole dans un îlot, en rade de Badès).	30	49
Peñon de Velez-Tétouan (port marocain).	63	100
Tétouan-Ceuta (port espagnol)	25	40
Ceuta-Tanger	37	60
Tanger-Larache.	47	80
Larache-Rabat.	80	145
Rabat-Casablanca	47	86
Casablanca-Mazagan	54	96
Mazagan-Saffi.	86	140
Saffi-Mogador.	65	105
Mogador-Port-Etienne (Afrique Occidentale).	970	1.560

G) Voies et moyens de communication terrestres

Il n'y a, pour l'instant, que des pistes non carrossables au Maroc (1). Les pistes les plus fréquentées et sur lesquelles les Européens peuvent voyager sans danger sont les suivantes :

	Kilomètres
Tanger-Tétouan.	60
Tanger-El-Ksar.	90
El-Ksar-Fez	160
Larache-Fez	180
Fez-Rabat.	200
Mazagan-Marrakech	200
Saffi-Marrakech	180
Marrakech-Oum-er-Rebia	135
Tanger-Mogador (par le littoral)	655

Les voyages se font à cheval ou à mulet. Les transports de marchandises ont lieu par caravanes de chameaux ou de mulets.

(1) Sauf dans l'amalat d'Oudjda et en Chaouïa.

H) Voyages à l'intérieur

1° FRAIS MOYENS DE CARAVANE PAR JOUR :

	Pesetas hassani
Un interprète..	5 »
Un cuisinier	5 »
Location de 5 mules avec des muletiers se nourrissant et nourrissant leurs bêtes	35 »
Nourriture..	15 »
Frais de nzala et de garde en route..............	5 »
Imprévus et divers..............................	5 »
TOTAL.........	70 » p. hass.

Soit 45 à 50 fr. par jour.

En outre de ces frais, il est sous-entendu que le voyageur se sera procuré du matériel de campement ; des provisions d'épicerie et d'eau minérale.

2° EPOQUES POUR VOYAGER :

a) *Dans l'intérieur du pays :* En septembre-octobre; d'avril à juin.
b) *Sur le littoral :* De mai à octobre.

3° DÉPLACEMENTS DIVERS

a) Voyages par terre dans le Maroc oriental

Voitures en location d'Oudjda à El-Aïoun, Taourirt, les Beni-Snassen, Port-Say, etc. (Se renseigner aux Messageries Canicio, à Marnia, et à l'Hôtel Simon, à Oudjda.)

b) Voyages dans la Chaouïa

Itinéraires à parcourir à cheval ou en voiture : 1° Casablanca-Rabat par Fedhala et Bouznika; 2° Casablanca-Azemmour; 3° de Casablanca à Mediouna, Berrechid, Settat, Ben-Sliman, Boucheron, Ben-Ahmed, etc...

(Se renseigner dans les hôtels pour l'organisation de ces voyages (1). Le prix du parcours varie suivant qu'on emporte ou non avec soi du matériel de campement, suivant le convoi ou l'escorte dont on se fait accompagner.)

c) Voyages par caravanes dans le Maroc occidental

(Se renseigner dans les hôtels pour l'organisation de ces caravanes, notamment à M. Parral, représentant de l'*Agence Cook*, à Tanger.)

(1) Se renseigner également à M. Morel, loueur de chevaux et voitures à Casablanca.

A) TANGER-LARACHE (par Arzila) (1)

Durée : 2 jours à l'aller

ALLER SEUL			ALLER ET RETOUR		
Pour 1 personne	. . . . .	100 fr.	Pour 1 personne	. . . . .	200 fr.
— 2 —	. . . . .	160	— 2 —	. . . . .	300
— 3 —	. . . . .	240	— 3 —	. . . . .	360

B) TANGER-TETOUAN (par le Fondak) (1)

Durée : 1 ou 2 jours à l'aller

ALLER SEUL			ALLER ET RETOUR		
Pour 1 personne	. . . . .	50 fr.	Pour 1 personne	. . . . .	100 fr.
— 2 —	. . . . .	80	— 2 —	. . . . .	150
— 3 —	. . . . .	100	— 3 —	. . . . .	180

C) TANGER-EL KSAR ET FEZ

Durée : 8 jours à l'aller

ALLER SEUL			ALLER ET RETOUR		
Pour 1 personne	. . . . .	800 fr.	Pour 1 personne	. . . . .	1.500 fr.
— 2 —	. . . . .	1.200	— 2 —	. . . . .	2.000
— 3 —	. . . . .	1.500	— 3 —	. . . . .	2.300

D) TOURNÉE DE 15 JOURS DANS LE GHARB

(Départ de Tanger ou de Larache)

Coût : Pour 1 personne, 1.000 fr.; pour 2 personnes, 1.600 fr.; pour 3 personnes, 2.000 fr.

E) DE MAZAGAN A MOGADOR (par Saffi)

Durée : 6 jours à l'aller

ALLER SEUL			ALLER ET RETOUR		
Pour 1 personne	. . . . .	500 fr.	Pour 1 —	. . . . .	800 fr.
— 2 —	. . . . .	800	— 2 —	. . . . .	1.500
— 3 —	. . . . .	1.000	— 3 —	. . . . .	1.800

F) DE SAFFI A MARRAKECH

Durée : 5 jours à l'aller

ALLER SEUL			ALLER ET RETOUR		
Pour 1 personne	. . . . .	500 fr.	Pour 1 personne	. . . . .	1.000 fr.
— 2 —	. . . . .	800	— 2 —	. . . . .	1.500
— 3 —	. . . . .	1.000	— 3 —	. . . . .	1.800

(1) Tous ces prix s'entendent pour un voyage confortable avec matériel de campement complet, personnel stylé, etc... Ils peuvent être réduits de moitié ou même des deux tiers si on consent à voyager sans confortable.

CHAPITRE II

APERÇU GÉOGRAPHIQUE

Généralités

Le Maroc occupe la partie ouest de l'Afrique du Nord. Il est borné à l'Est par l'Algérie, au Sud par l'Oued Drâa et les régions sahariennes, à l'Ouest par l'Atlantique, au Nord par la Méditerranée.

Le Maroc géographique constitue une sorte de trapèze dont les angles seraient, au nord à Tanger et à Saïdia (Port-Say), au sud à Figuig et à l'embouchure de l'oued Drâa.

A vol d'oiseau, les distances sont les suivantes :

Tanger-Saïdia	350 kilomètres.
Saïdia-Figuig	350 —
Figuig-Cap Noun (embouchure de l'oued Drâa)	1.000 —
Cap Noun-Tanger	975 —

La superficie du Maroc est d'environ 400.000 kilomètres carrés.

Il y a lieu de distinguer au Maroc :

§ 1. — Le Blad Maghzen

Le Blad Maghzen, ou pays à peu près soumis au Sultan, et qui comprend le littoral ouest de Tanger à Mogador, borné par une ligne qui, partant de Tétouan, passerait à El-Ksar, Fez, Mékinès, Rabat, la Chaouïa, Marrakech et suivrait les crêtes du Haut-Atlas jusqu'à Mogador. Cette zone (la Chaouia non comprise) s'étend sur environ 35.000 kilomètres carrés de plaines où les indigènes se livrent à l'agriculture et où les Européens peuvent avoir des « associés agricoles » *(mokhalat)*.

On compte dans le Blad-Maghzen :

PORTS	NOMBRE D'HABITANTS			
	MUSULMANS	ISRAÉLITES	Européens et Algériens	TOTAL
a) **Huit Ports ouverts**				
Tétouan	23.000	6.500	912	30.412
Tanger	25.000	12.000	9.270	46.270
Larache	10.000	3.000	220	13.220
Rabat-Salé	44.000	3.000	144	47.144
(Casablanca)	(20.000)	(6.000)	(5.710)	(31.710)
Mazagan	22.000	3.000	493	25.493
Saffi	17.000	2.500	245	19.745
Mogador	12.000	12.000	347	24.347
b) **Trois Capitales**				
Fez	90.000	10.000	1.820	101.820
Mékinès	19.000	5.000	»	24.000
Marrakech	45.000	5.000	34	60.034
c) **Cinq localités où les Européens peuvent se fixer**				
El-Ksar (à 30 kilomètres dans l'intérieur des terres) . . .	5.000	1.000	45	6.045
Arzila . . . . . `sur le`	800	800	10	1.610
Méhédya . . . . `littoral`	500	100	»	600
Azemmour . . . `atlan-`	10.000	2.000	15	12.015
Oualidia . . . . `tique`	800	200	»	1.000

§ 2. — Le Blad-Siba

Le Blad-Siba, ou pays insoumis et indépendant, le plus vaste comme superficie, comprenant toutes les régions montagneuses situées entre la Moulouia et le Haut-Atlas, et tout l'extrême-sud marocain (au delà du Haut-Atlas).

Les plus connues de ces régions sont : au nord, le Djebala et le Rif; au centre le massif berbère du Moyen-Atlas (ou Fezzaz); au sud, le Sous et le Tafilalet. La superficie de ces régions fermées et indépendantes atteint 300.000 kilomètres carrés.

§3. — Casablanca et la Chaouia

Casablanca et la Chaouia sont occupées par les troupes françaises; elles sont pacifiées, administrées sous le contrôle de ces troupes.

Cette province fait partie du Blad-Maghzen, malgré son régime très spécial.

Centres habités. — *Localité principale :* CASABLANCA, 31.710 habitants.

<table>
<tr><td rowspan="10">POSTES OCCUPÉS</td><td>Ber-Rechid ....</td><td rowspan="10">Population indigène des tribus et population des postes : 280.000 (environ).</td></tr>
<tr><td>Settat ....</td></tr>
<tr><td>Oulad-Saïd ....</td></tr>
<tr><td>Ben-Ahmed ....</td></tr>
<tr><td>Boucheron ....</td></tr>
<tr><td>Boulhaut ....</td></tr>
<tr><td>Bou-Znika ....</td></tr>
<tr><td>Fedhala ....</td></tr>
<tr><td>Bou-Bker ....</td></tr>
<tr><td>Dar-Ould-Chafaï ....</td></tr>
</table>

Situation géographique.— La Chaouia forme un vaste parallélogramme limité au nord par les confédérations insoumises des Zaër et des Zemmour, à l'est par le Tadla et les Beni-Meskine, au sud par l'Oum-er-Rebia et la province de Doukkala, à l'ouest par l'Atlantique. Sa superficie atteint environ 14.000 kilomètres carrés dont la majeure partie se compose de plaines cultivées. La Chaouia est célèbre par la fertilité de ses « terres rouges » et surtout de ses « *tirs* » (terres noires).

Hydrographie. — Entre Rabat et Casablanca, le pays est traversé par plusieurs cours d'eau (notamment l'oued Nefifikh, l'oued Cherrat), qui ne sont jamais à sec. L'Oum-er-Rebia, rivière très importante et roulant un débit d'eau considérable, sépare au sud, nous l'avons vu, la Chaouia de la Doukkala.

Climat. — Le climat de la Chaouia est doux et tempéré, surtout sur le littoral. La température, en été, y est moins élevée qu'en Algérie.

Population. — La population de cette province peut

être évaluée à environ 300.000 habitants (5.000 hommes de troupes françaises, 3.000 Français, 3.000 Espagnols, 600 Européens de nationalités diverses, 8.000 israélites, 275.000 indigènes musulmans environ).

Administration. — La Chaouia est pacifiée comme une province algérienne ou tunisienne. La colonie française y ressortit du Consulat de France à Casablanca, bien que, pratiquement, les colons établis hors de Casablanca s'adressent plutôt aux officiers du Service des renseignements. Le régime des Capitulations y étant toujours en vigueur, les différents nationaux étrangers dépendent de leurs consulats respectifs. L'Administration locale est assurée par le pacha (gouverneur) de Casablanca et les caïds de la Chaouia.

Justice. — La justice française est exercée par le tribunal consulaire de Casablanca. Les litiges d'ordre immobilier sont du ressort du tribunal musulman (Cheráa) et, dans la pratique, sont portés de préférence devant le cadi de la circonscription judiciaire.

Sécurité. — La sécurité est complète en Chaouia. Elle est assurée à Casablanca par la police locale et le Commissaire de la Sûreté attaché au Consulat de France; en Chaouia, le service des affaires indigènes et les Caïds (et autres autorités indigènes) maintiennent la sécurité.

Hygiène. — Il y a à Casablanca deux médecins civils français, un dispensaire, un hôpital militaire. Dans tous les ports de la Chaouia, il y a des médecins militaires et des infirmiers.

Enseignement. — Casablanca compte : une école française de garçons et une école française de filles, une école franco-arabe; une école de garçons et une école de filles de l'Alliance israélite. Une solide instruction primaire et primaire supérieure est donnée dans ces établissements. Une bibliothèque populaire française a été créée récemment à Casablanca.

Culte. — L'exercice du culte catholique est assuré par des P. P. Franciscains espagnols.

Services municipaux. — Les services municipaux sont assurés par le Maghzen sous le contrôle d'un officier du corps de débarquement.

Groupements des intérêts agricoles et commerciaux. — Les intérêts agricoles et commerciaux sont suivis de près par la *Société pour le développement du commerce français à Casablanca*. Ces questions font également l'objet d'études spéciales du *Comité consultatif français* (siège à Tanger) et de la Délégation du *Comité du Maroc* (siège à Tanger).

Impôts et douanes. — Un essai de « taxe urbaine » sur la propriété bâtie vient d'être tenté à Casablanca comme dans les autres ports marocains. C'est là le seul impôt direct qui atteigne actuellement les Européens. Les droits de douane sont les mêmes que dans les autres ports marocains (1).

Monnaie et système métrique. — Le système monétaire français est d'un usage courant à Casablanca. Dans les relations avec les indigènes et en Chaouia, on continue à employer le hassani.

Le système métrique tend peu à peu à remplacer les poids et mesures locales, source inépuisable d'erreurs et de malentendus.

Banques. — La Banque d'État et la Compagnie Algérienne ont des succursales à Casablanca et y facilitent les opérations de crédit.

Main-d'œuvre. — La main-d'œuvre urbaine et agricole est indigène (2).

Communications. — Des pistes carrossables sillonnent la Chaouia et relient les divers postes entre eux (3). La télégraphie sans fil permet les communications avec

(1) Voir page 47.
(2) Pour les prix des salaires voir page 55.
(3) Voir page 15.

Tanger et l'Europe (1). Le téléphone relie tous les postes de la Chaouia à Casablanca. Il y a une recette postale française (2) à Casablanca et des bureaux militaires dans tous les postes. Une société privée de téléphones (espagnole) fonctionne dans l'intérieur de la ville.

(Pour les relations maritimes de Casablanca, voir page 7.)

Genre de vie. — A Casablanca et en Chaouia, on peut utiliser les mêmes vêtements et les mêmes ustensiles ménagers et mobiliers qu'en France. Le mode d'alimentation (3) est sensiblement le même que dans la Métropole.

Voyages. — Hôtels à Casablanca (4). Auberges dans les postes importants de la Chaouia. Le meilleur moment, pour visiter Casablanca, est le printemps (avril-mai), et l'automne (septembre-octobre).

Propriété foncière. — En ce qui concerne les achats de propriétés agricoles, on ne saurait prendre trop de renseignements et de précautions lorsqu'on cherche à faire l'acquisition d'une certaine étendue de terrain (5). Une acclimatation préalable dans le pays est nécessaire avant d'entreprendre ces sortes d'affaires.

Agriculture. — Les cultures de la Chaouia sont les céréales et les « graines diverses » (millet, sorgho, fèves, lin, alpiste, pois-chiches, lentilles, cumin, coriandre, fenu-grec, etc.)

L'élevage porte en majeure partie sur les bovins et les moutons. On élève aussi des porcs dans les parties brous-sailleuses. La culture maraîchère commence à s'organiser (ferme Amieux).

La région forestière (chêne-liège, thuyas) ne commence que sur la limite des Ziaïdia et des Zaërs (au nord du camp Boulhaut). L'apiculture est en faveur dans les régions

(1) Voir page 43.
(2) Voir page 42.
(3) Voir page 56.
(4) Voir page 9.
(5) Consulter, du même auteur, *Situation économique du Maroc, 1908-1909,* page 172.

montagneuses (voisines des Zaërs et des Zemmour). Le gibier de la Chaouïa est analogue à celui du reste du Maroc et de l'Algérie. Une réglementation spéciale de la chasse est appliquée par l'autorité militaire dans un esprit très large.

Industrie (1). — La seule industrie indigène à signaler à Casablanca est celle des tapis. Comme industries européennes, il y a lieu d'enregistrer deux minoteries françaises à Casablanca, deux fabriques de glace et d'eaux gazeuses, une scierie mécanique. Il y a un petit moulin à moteur à Settat.

Pêche (1). — La pêche, sur la côte marocaine en général, sur le littoral de la Chaouïa en particulier, donnerait de beaux rendements.

Elle est pratiquée jusqu'ici sur une modeste échelle.

Commerce. — COMMERCE DE LA CHAOUÏA (par le port de Casablanca) :

Importations en 1909

ARTICLES	En francs
Sucres	5.000.000
Cotonnades	2.900.000
Thé	1.200.000
Vins	370.000
Bougies	360.000
Huiles de coton	265.000
Bois communs, équarris ou sciés	260.000
Farines et semoules	220.000
Tissus de soie	185.000
Alcools et eaux-de-vie	175.000
Houille	115.000
Pommes de terre	100.000
Draps et tissus de laine	100.000
Vêtements confectionnés	100.000
Sacs et toiles d'emballage	100.000
Autres articles	2.040.000
TOTAL	14.375.000

(1) Voir pages 78 et 79.

Exportations en 1909	
ARTICLES	**En francs**
Orges....................................	4.383.000
Peaux de chèvres.........................	1.300.000
Blé	1.200.000
Laines en suint	1.040.000
Graines de fenugrec......................	925.000
Peaux de moutons	670.000
Graines de lin...........................	630.000
Œufs de volailles........................	425.000
Graines de coriandre.....................	200.000
Peaux de bœufs...........................	185.000
Fèves....................................	180.000
Autres articles	250.000
TOTAL...................	11.390.000

§ 4. — Région Algéro-Marocaine

La région algéro-marocaine s'étend depuis l'embouchure de la Moulouia (rive droite) jusqu'à Bou-Denib (Haut-Guir). Surveillée actuellement par nos « troupes de police », cette région était complètement indépendante jusqu'en 1907. Elle est maintenant *chérifienne* et régulièrement administrée au nom du Maghzen par des fonctionnaires marocains contrôlés par des officiers et agents français.

La région algéro-marocaine comporte :

a) L'âmalat d'Oudjda, limité au nord par la Méditerranée, à l'ouest par la Moulouia, à l'est par l'Algérie, au sud par le Dahra ou Hauts-Plateaux (s'étendant au sud de Ras-el-Aïn et de Debdou).

b) Le Dahra des Beni-Guil (surveillé par les postes de Colomb-Béchar (algérien) et de Bou-Denib (marocain). Cette partie est limitée à l'ouest par le Tafilelt, le Haut-Atlas et la Moulouia.

A) L'Amalat d'Oudjda

Géographie. — *L'âmalat d'Oudjda* constitue une sorte de trapèze dont la base élargie s'étendrait entre El-Aricha (localité française) et Debdou. La superficie est d'environ 7.000 kilomètres carrés.

Les régions vraiment fertiles de l'âmalat sont : les plaines de Tazegraret et des Triffa, au nord du massif des Beni-Snassen ; certains points de la vallée de la Basse et de la Moyenne Moulouïa ; la plaine des Angad, au sud des Beni-Snassen.

Centres habités. — *Localité principale :* OUDJDA, 8.000 habitants.

Saïdia (sur la mer)......	50 habitants.		
Martimprey............	300	»	Villages de colonisation au nord des Beni-Snassen.
Berkane	400	»	
Taforalt...............	50	»	(Poste militaire des Beni-Snassen).
El Aïoun-Sidi-Mellouk....	400	»	(Entre Oudjda et la Moulouïa).
Taourirt...............	200	»	(Poste militaire sur l'Oued Za).
Berguent...............	300	»	(Centre de colonisation.)
Debdou...............	1.500	»	(Musulmans et juifs seult).

Hydrographie. — La Moulouïa est un cours d'eau très important, qui ne tarit pas en été. Elle sépare l'âmalat d'Oudjda du Rif et de la piste de Taza.

Climat. — Le climat de l'âmalat d'Oudjda est très tempéré au nord de Beni-Snassen. Il rappelle celui de la plaine du Chérif au sud de ce massif, et plus on va vers le sud, plus il se rapproche du climat des Hauts-Plateaux oranais.

Population. — La population de l'âmalat peut être évaluée de 130.000 à 150.000 indigènes (plus 4.000 hommes de troupes françaises), 500 Français, 400 Espagnols, 100 autres étrangers divers.

Sécurité. — Toute la partie comprise entre Oudjda, Taourirt et la mer (c'est-à-dire la partie colonisable) est aussi pacifique que l'Algérie.

Les troupes d'occupation, des goumiers marocains, des caïds et un commissaire de police français résidant à Oudjda sont chargés de la sûreté publique.

Administration. — Au point de vue administratif, les Européens ressortissent de l'autorité militaire. L'administration *locale* est entre les mains du pacha d'Oudjda (contrôlé par le « Service de renseignements ») et des caïds ruraux dépendant du pacha (*âmel* ou gouverneur).

Le contrôle administratif de l'âmalat est centralisé par un fonctionnaire civil, le Commissaire du gouvernement français résidant à Oudjda, qui ressortit de la légation de France à Tanger et du général commandant la division d'Oran, haut commissaire du gouvernement pour toute la région frontière.

Justice. — La *justice* est rendue par un fonctionnaire dépendant du commissaire du gouvernement, qui a lui-même une délégation du tribunal consulaire de Tanger. Le cadi d'Oudjda et un cadi fixé dans les Beni-Snassen, rendent la justice musulmane et sont compétents pour tous les litiges d'ordre immobilier.

Assistance publique. — Un médecin civil est chargé du dispensaire officiel d'Oudjda. Des médecins militaires ont organisé des dispensaires à Martimprey, Berkane, Taourirt, Berguent.

Enseignement. — Il y a une école franco-arabe à Oudjda ; deux écoles françaises (pour Européens) à Martimprey et à Berkane.

Culte. — Deux Pères franciscains assurent le culte catholique à Oudjda.

Services municipaux. — Les services municipaux d'Oudjda s'exercent sous le contrôle d'un officier détaché spécialement à cet effet.

Groupements s'intéressant aux questions commerciales et agricoles. — Le *Comité consultatif* et la délégation du *Comité du Maroc* à Tanger ; la Chambre de commerce et le Syndicat commercial d'Oran suivent de très près le développement commercial et agricole de l'amalat.

Impôts et douanes. — Les colons agricoles européens sont tenus de payer les impôts *âchour* et *zekkat* comme les indigènes.

Les droits de douanes marocaines, sur la frontière algérienne, atteignent en général 5 % de la valeur totale tant à l'importation qu'à l'exportation (1).

Monnaie et système métrique. — **Crédit.** — La monnaie française est presque seule en usage à Oudjda et dans les centres de colonisation. Les monnaies *espagnole* et *marocaine* (hassani et azizi) s'emploient couramment dans les transactions avec les indigènes de l'intérieur.

On a une tendance à étendre peu à peu l'emploi du système métrique.

Il y a, à Oudjda, une agence de la *Banque d'Etat* et une succursale de la *Compagnie Algérienne*.

Main-d'œuvre. — La main-d'œuvre agricole est presque uniquement indigène; des journaliers espagnols sont en outre employés dans les centres de colonisation.

Communications. — Les pistes carrossables qui relient Oudjda et les Beni-Snassen à la mer sont empierrées peu à peu, au fur et à mesure des disponibilités budgétaires.

Il y a trois bureaux des postes et télégraphes en territoire marocain (Oudjda, Berkane, Martimprey), plus le bureau de poste algérien de Port-Say, sur la frontière. Oudjda est relié par un téléphone public à l'Oranie. La rade algérienne la plus rapprochée de l'amalat d'Oudjda est celle de Port-Say (sur la frontière même à proximité de Saïdia). C'est par cette rade que s'effectue le trafic du nord de l'amalat. Oudjda et le sud de l'amalat sont plutôt desservis par la rade de Nemours (viâ Marnia).

(1) Voir page 49.

Genre de vie. — Vêtements, nourriture, habitations, ustensiles ménagers et mobilier sont, pour les colons, absolument les mêmes qu'en Algérie ou dans le Midi de la France.

Voyages (1). — Il y a un hôtel assez confortable à Oudjda ; un hôtel très confortable à Port-Say ; des auberges à Berkane, Martimprey, El-Aïoun-Sidi-Mellouk, Taourirt et Berguent. La meilleure époque pour parcourir ces régions est le printemps (mai à juin) et l'automne (15 septembre à fin octobre).

Propriété foncière. — Les achats de terrain ne se font régulièrement que par l'intermédiaire de courtiers musulmans algériens. Nous recommandons de la prudence et de la patience à ceux qui voudront acquérir des propriétés rurales dans l'âmalat d'Oudjda.

Agriculture. — La culture la plus répandue est celle des céréales.

Il se pratique un commerce important de bœufs et de moutons dont la majeure partie provient de régions qui sont au delà de la rive gauche de la Moulouia.

On pourrait faire, dans les jardins qui se trouvent autour d'Oudjda, une culture maraîchère intense. La vallée du Kiss et la plaine de Tazegraret entre le bas Kiss et la basse Moulouia, semblent spécialement destinés à la culture des primeurs.

Le greffage des oliviers et autres arbres fruitiers dans les Beni-Snassen semble devoir donner de bons résultats. L'apiculture est pratiquée dans les jardins indigènes du massif.

Le gibier parait peu abondant dans la région.

Industrie et pêche (2). — L'industrie est très rudimentaire. C'est l'industrie familiale des vêtements, des nattes de jonc, que l'on retrouve dans tous les pays arabo-berbères.

(1) Voir page 6.
(2) Voir pages 78 et 79.

Des maisons françaises ont créé des moulins à moteur à Oudjda, El-Aïoun, Berkane. La pêche sur le littoral du Rif et à l'embouchure de la Moulouïa est toujours fructueuse. Mais elle est peu pratiquée.

Commerce de l'Amalat d'Oudjda

Importations en 1909

ARTICLES	En francs
Sucres	2.000.000
Vêtements et lingerie	1.000.000
Tissus de coton	800.000
Thés	700.000
Tabacs fabriqués	500.000
Farines et semoules	500.000
Café	200.000
Allumettes	180.000
Riz, légumes secs, etc	180.000
Son et fourrages	150.000
Chaussures	130.000
Bougies	120.000
Vins	120.000
Autres articles	1.420.000
Total	8.000.000

Exportations en 1909

ARTICLES	En francs
Moutons	2.000.000
Bœufs	800.000
Laines en masse	450.000
Peaux brutes	400.000
Peaux et pelleteries ouvrées	300.000
Nattes en aloès et sparterie	280.000
Vêtements indigènes	275.000
Céréales	230.000
Fruits divers	100.000
Autres articles	1.565.000
Total	6.400.000

Transports. — *a*) FRET MARITIME.

Coût du fret

	La tonne
Marseille à Port-Say (avec transbordement à Oran) de	15 à 50 fr.
Marseille-Nemours (direct) de....................	10 à 30 fr.

***b*) TRANSPORT EN CHARRETTE**

	La tonne kilométrique
Nemours à Oudjda (par Marnia) environ.............	0,30 à 0,50
Port-Say aux Beni-Snassen —	0,50

B) Dahra des Beni Guil et Haut Guir

Géographie. — Ces vastes régions habitées par des indigènes, nomades en général, se confondent, au point de vue géographique et climatérique, avec le Sud-Oranais (le Haut-Guir étant cependant déjà influencé par le voisinage du Haut-Atlas). C'est un pays de nomadisme et de parcours pour les troupeaux, en dehors d'un certain nombre de *ksar* et d'oasis habités par des sédentaires.

Centres habités. — *Localités algériennes les plus voisines :*

Localité	
Aïn-Sefra et Forthassa-Gharbya......	
Beni-Ounif de Figuig...............	1.800 Européens
Colomb-Béchar....................	4.500 Indigènes
Talzaza.........................	
Bou Kaïss.......................	

Localités en territoire marocain :

Localité	Résidents européens	
Les Oasis de Figuig..	Pas de Résidents Européens	
Bou Anane..........	—	20.500 indigènes
Aïn-Chair	—	
Bou Denib..........	50 Européens	

Colonisation. — Aucune de ces régions n'est intéressante pour la colonisation. Seuls, quelques commerçants pourraient trouver à s'y installer. Il semble que l'industrie hôtelière pourrait trouver à se développer dans des oasis comme celles de Figuig ou de Colomb-Béchar.

Climat. — Le climat de ces régions est celui des steppes et du sahara oranais. Il est très chaud dans la journée (surtout en été), mais avec de brusques abaissements de température pendant la nuit.

Population. — Il y a, dans la partie marocaine de ces étendues :

1.600 hommes de troupes,
30.000 à 50.000 indigènes,
100 Français et sujets français,
50 étrangers.

Administration. — Indigènes et Européens ressortissent de l'autorité militaire qui contrôle les actes des caïds marocains de ces territoires. Toutes ces régions dépendent du Haut-commissaire français (résidant à Oran) en collaboration avec le Haut-commissaire chérifien (résidant à Oudjda).

Sécurité. — La sécurité règne sur les pistes qui relient les postes entre eux. Il sera bon de ne pas circuler en dehors de la ligne de protection des postes sans demander son avis à l'autorité militaire.

Hygiène. — Des médecins militaires donnent leurs soins aux postes de Béchar (Algérie) et de Bou-Denib (Maroc).

Enseignement. — Il y a une école française à Colomb-Béchar (Algérie).

Impôts. — On ne paie aucun impôt direct ou indirect dans ces régions.

Monnaie. — La monnaie française et la monnaie *hassani* sont seules en usage dans les transactions.

Communications. — Les pistes reliant les postes entre eux sont carrossables.

Il y a un bureau de postes et télégraphes à Colomb-Béchar. Le fil télégraphique relie Bou-Anane et Bou-Denib à Béchar.

Toutes les transactions convergent vers la ligne des Chemins de fer de l'Etat, aux gares de Beni-Ounif (Figuig) et de Colomb-Béchar (terminus, à 750 kilomètres du port d'Oran).

Voyages. — Hôtels et auberges à Beni-Ounif et Colomb-Béchar. Nous conseillons aux touristes de voyager dans ces régions entre novembre et avril.

Commerce. — Avant de s'installer dans une localité, il y a lieu d'en référer à l'officier chargé du service des affaires indigènes. Le commerce d'échanges se pratique avec les oasis, le Tafilelt, le Haut-Guir et les Hauts-Plateaux du Dahra.

Il est difficile d'évaluer, par des statistiques précises, les transactions du Sud-Oranais avec le Maroc oriental. Les chiffres recueillis sur les différents marchés de la zone algéro-marocaine ne font pas la part des opérations *marocaines* et des opérations algériennes. On évalue toutefois à 8 ou 10 millions l'importance du trafic *exportations* et *importations* entre l'Algérie et le Maroc dans les régions situées au sud de l'Amalat d'Oudjda. Les principaux produits importés en territoire marocain sont, par ordre d'importance : les sucres, les cotonnades, les thés, les tabacs fabriqués, les farines et semoules, les allumettes, les bougies, les savons, le riz. Les principaux produits exportés vers l'Algérie sont, par ordre d'importance : les moutons, les laines, les peaux, les cuirs *filalis*, les bœufs, les poils bruts, les dattes.

Transports.

Coût des transports

a) Jusqu'au Terminus du Chemin de Fer

	La tonne
Marseille-Oran (fret maritime) de....................	10 à 30fr.
Oran à Beni-Ounif (Cie des chemins de fer algériens de l'Etat).......................	85fr.
Oran à Colomb-Béchar	100 à 115fr.

b) Transport en Charrettes

	La tonne kilométrique
Colomb-Béchar à Bou-Denib....................	0,80 à 0,90

c) Transport par Chameaux

		La tonne kilométrique
Colomb-Béchar à Bou-Denib	⎫	
— au Tafilelt	⎬ 0,50 à 0,75	
— aux cols du Haut-Atlas	⎭	

§ 5.— Les possessions espagnoles du littoral méditerranéen

Ces possessions comportent :

A) Les places de guerre de :

Ceuta (presqu'île)	12.200 habitants	
Peñon de Velez		
Alhucémas ..... } Iles	350 —	
Zaffarines		

a) Ceuta

Ceuta, qui est occupée par 16.000 hommes de troupes, est uniquement habitée par des Espagnols. Des mesures assez vexatoires sont prises contre les étrangers (Interdiction, en principe, de résider plus de 24 heures; interdiction de sortir de Ceuta vers la campagne marocaine).

Cette place est néanmoins intéressante par son trafic maritime et son commerce d'importation (Alimentation des troupes).

La France n'a, à Ceuta, ni agent consulaire, ni correspondant officieux.

Ceuta est un « port franc » exempt, en principe, des droits de douane. Les auberges y sont médiocres.

Des pêcheries importantes constituent la seule industrie locale intéressante. Le commerce d'exportation est à peu près nul. Les importations proviennent d'Espagne (Cadix, Algésiras, Malaga), de France (Marseille), d'Algérie (Oran), d'Angleterre (*via* Gibraltar), d'Allemagne (Hambourg).

Cette place ne publie malheureusement pas de statistiques commerciales; on sait seulement que les importations provenant d'Espagne atteignent 1 million de francs (Par ordre d'importance : cotonnades, lainages, farines, huiles, vins, bouchons). Environ 2 à 3 millions de francs de marchandises proviennent de Gibraltar, de Marseille, d'Algérie, de Hambourg (sucres, farines et semoules, cotonnades, bougies, quincaillerie, etc.). Les exportations ont été à peu près nulles jusqu'ici.

b) Penon de Velez et Alhucemas

Ilots rocheux. Ce sont les « ports », administrativement parlant, des baies rifaines de *Badès* et de *Nokour* (près *Ajdir*). C'est près de ces ilots que les vapeurs qui commercent avec les rifains font escale. Le commerce d'importation et d'exportation qui se pratique par ces rades ne manque pas d'intérêt. Jusqu'ici, il est resté entre les mains de négociants et d'armateurs de Gibraltar.

B) Melilla

Géographie. — Territoire d'occupation comprenant Melilla et le district avoisinant (occupé militairement au cours de la récente campagne (1909-1910).

La « zone de Melilla » s'étend du cap Tres Forcas à l'embouchure de la Moulouia. Elle englobe la *Mar Chica* et le petit massif du Gourougou. Sa largeur oscille entre 10 et 15 kilomètres. Sa superficie totale doit atteindre de 1.500 à 2.000 kilomètres carrés. Seule, la partie des Kebdana, près de la Moulouia, est intéressante au point de vue agricole.

Centres habités. — *Localités principales :*

Place de Melilla	20.000 Espagnols (plus
Nador, village à 20 kilom. de Melilla.....	quelques Français et
Selouan, kasba à 30 kil. de Melilla	autres Européens, et
Etablissements de **Cap-de-l'Eau**	23.000 Indigènes).

Affaires d'importations. — Le territoire est encore occupé par 25.000 hommes de troupes, ce qui constitue un élément important pour le commerce d'importation. Quelques firmes françaises sont installées à Melilla et à Nador. Elles ont à compter avec les difficultés que leur crée l'Administration militaire espagnole.

Climat. — Le climat est le même que celui du littoral de la province d'Oran.

Administration. — L'autorité militaire administre Melilla et le territoire occupé comme une colonie espagnole. Nous avons à Melilla un correspondant officieux, mais pas d'agent consulaire.

Sécurité. — La sécurité règne sur les pistes et routes principales reliant les grands postes entre eux.

Hôtels. — Il y a à Melilla de petits hôtels pour les voyageurs, et quelques auberges à Nador.

Droits de douane. — Melilla et le Cap de l'Eau sont « ports francs »; on n'y prélève pas de droits de douane.

Monnaie et crédit. — La monnaie espagnole a seule cours dans la région.

Il y a à Melilla une succursale de la Banque de Carthagène et des correspondants des banques algériennes (Crédit foncier d'Algérie; Compagnie algérienne).

Main d'œuvre. — La main d'œuvre est espagnole et rifaine.

Communications. — Les pistes reliant Melilla à Nador, la Mar-Chica, Selouan s'empierrent peu à peu et sont toutes carrossables. La Société minière franco-espagnole *Norte Africano* a construit une petite voie ferrée qui va de Melilla à Nador et qui est ouverte au public (voyageurs et marchandises).

Le télégraphe et le téléphone militaires relient la plupart des postes. Il y a une recette civile des postes et télégraphes ouverte au public de Melilla.

La rade de Melilla est bien abritée. On y projette un grand port.

Propriété foncière. — Des achats de terrains dans la plaine des Kebdana par des Français seraient scabreux, étant données les dispositions de l'autorité espagnole. Ces achats pourraient néanmoins être tentés en tâchant d'obtenir de la part des officiers espagnols au moins la neutralité vis-à-vis de cette œuvre de colonisation.

Commerce. — Les importations atteignent un gros chiffre grâce à la présence de 25.000 hommes de troupes. Elles ravitaillent en outre les tribus avoisinantes (et une bonne partie du Rif oriental). Les exportations proviennent du Rif oriental (bétail, peaux, laines, œufs).

COMMERCE DE MELILLA

Importations en 1909

a) ARTICLES POUR INDIGÈNES (1)

Poids ou valeurs

Farines et semoules	1.500.000 kgs
Sucres...................................	1.000.000 —
Bougies de stéarine	(180.000 pes.)
Tissus de coton	360.000 kgs

b) ARTICLES POUR LES TROUPES ET LA POPULATION

Poids ou quantités

Orges et céréales........................	7.000.000 kgs
Charbons de terre et de bois.............	5.300.000 —
Chaux et ciments	3.350.000 —
Fourrages	3.150.000 —
Farines et semoules......................	3.000.000 —
Bois ordinaires en planches	1.300.000 —
Riz	1.200.000 —
Traverses de bois pour voies ferrées	1.200.000 —
Vins divers	1.000.000 —
Fers et aciers	400.000 —
Carreaux et briques	390.000 —
Jambon fumé	234.000 —
Machines diverses........................	190.000 —
Alcools et eaux-de-vie...................	190.000 lit.
Terres de bâtiments	175.000 kgs
Wagonnets................................	185.000 —
Huile d'olive............................	170.000 lit.

(1) Les tableaux statistiques officiels de la place de Melilla expriment les chiffres d'importations ou d'exportations soit en valeurs, soit en poids, soit en quantités, sans coordination.

Exportations en 1909

ARTICLES	Valeur en francs
Peaux de chèvres	175.000
Peaux de bœufs	160.000
Laine en suint	100.000
Conserves de poissons	70.000
Poisson salé	60.000

Agriculture. — La culture la plus répandue dans la région est celle des céréales.

Pêche. — La pêche, pratiquée par des pêcheurs espagnols, est prospère sur tout le littoral. Des fabriques de conserves de poisson ont été créées à Melilla.

Transports.

Coût des transports

Prix moyen du transport par charrette (par tonne et par kilomètre) ..	0 fr. 40 à 0,50
Prix moyen du transport par mulet et par chameau (par tonne et par kilomètre)	0 p. h. 75 à 0,85 (0 fr. 50 à 0,60)

CHAPITRE III

ORGANISATION DU PAYS

I. — Régime politique et administratif

Le Maghzen et le Sultan. — L'Empire du Maroc est nominalement gouverné par un Sultan à l'autorité duquel échappent les trois quarts du pays. Le Sultan, ses ministres, ses fonctionnaires et son organisation politique et administrative constituent le *Gouvernement chérifien* ou *Maghzen*.

Le Sultan a conservé jusqu'ici ses prérogatives diplomatiques, militaires, administratives, tout au moins dans les provinces du Blad-Maghzen. — Les finances, dans les ports, sont gérées par le *Contrôle de la Dette Marocaine*.

Les Européens. — Le Maroc est un pays de « Capitulations » où le régime des Européens et des relations extérieures a son origine dans un grand nombre de traités dont les plus notoires au point de vue international sont : la Convention de Madrid (1881) et l'acte d'Algésiras (1906).

Légations. — Chacune des puissances qui a des intérêts au Maroc y est représentée par un Ministre plénipotentiaire à la tête d'une Légation résidant à Tanger. Chaque Légation examine directement les affaires qui concernent ses ressortissants.

Examinons plus spécialement la question au point de vue de la Légation française.

Le Ministre de France dirige nos relations diplomatiques avec le Maghzen pour tout ce qui a trait aux questions franco-marocaines. Il a la haute main sur nos consulats et sur tous les services qui ressortissent de la Légation (Œuvres d'assistance publique, œuvres d'enseignement, etc.).

Administration indigène. — L'administration locale indigène est entre les mains des pachas des villes et des caïds ruraux. Les pachas des ports ont à la fois des attributions administratives et judiciaires vis-à-vis des sujets marocains. Les caïds des villes de l'intérieur et des tribus ont en outre des attributions financières. Ils sont assistés par des Khalifas, des *Mokaddems* (chefs de quartiers dans les villes) et des *cheikhs* (dans les douars).

Consulats. — Les consuls, vice-consuls et agents consulaires de France ont, vis-à-vis des ressortissants français (nationaux, protégés et sujets) toutes les attributions dévolues à nos consuls en pays de capitulations (Rôle administratif et judiciaire, état civil, chancellerie, etc.). Ils servent d'intermédiaires entre la colonie française et les autorités chérifiennes.

Consulats de France :

Tanger.	Mogador.
Casablanca.	Fez.

Vice-Consulats de France :

Tétouan.	Rabat.	Safi.
Larache.	Mazagan.	Marrakech.

Agence Consulaire de France : El-Ksar-el-Kebir.

Justice. — La justice française est rendue dans les tribunaux consulaires de Tanger, Casablanca, Mogador, Fez et Oudjda. Les consulats des autres puissances exercent également la justice consulaire.

Les affaires immobilières seules (même entre Français, ou entre Européens en général) sont de la compétence du tribunal du cadi.

Le cadi ou juge musulman tranche également tous les litiges entre sujets marocains (droit réel et droit personnel). — Les affaires correctionnelles ou criminelles indigènes sont plutôt du ressort du pacha ou de son khalifa.

La sécurité. — Une absolue sécurité règne en général dans tous les ports et dans toutes les villes du Blad Maghzen. La police est assurée, dans les huit ports ouverts, par des troupes d'infanterie et de cavalerie organisées par des instructeurs français et espagnols. Dans les villes, les Mokhaznis du pacha et les gardiens de nuit contribuent également à assurer la sécurité. Dans les districts ruraux et le long des pistes du Blad Maghzen, les chefs de douars ou nzalas (stations de caravanes) doivent veiller à la sécurité des campagnes. Le voyageur européen peut circuler en toute tranquillité sur les pistes très fréquentées (Tanger-Fez par Larache et El-Ksar ; Casablanca-Marrakech ; Marrakech-Mogador). La même tranquillité règne à peu près en tous temps sur les pistes : Tanger-Tétouan ; Tanger-Mogador par le littoral ; Fez-Rabat ; Marrakech-Saffi ; Marrakech-Mazagan.

En dehors de ces chemins battus, le voyageur européen fera bien de ne pas s'aventurer sans prendre ses renseignements.

Il y a des commissaires de police français à Tanger, Casablanca et Oudjda.

Service militaire. — Les Français installés au Maroc doivent deux ans de service militaire. Ils sont dispensés des périodes d'instruction (réserve et territoriale).

Les immigrants français doivent faire viser leur livret militaire par le Consulat de la ville où ils s'installent.

Organisation municipale. — Elle est dévolue au *Mohtasseb* et à l'*Amin Mostafadh* (fonctionnaires locaux) dans la plupart des ports.

A Tanger, il y a une Commission internationale d'hygiène et de voirie qui doit se transformer prochainement en municipalité. A Casablanca et à Oudjda, un officier français est chargé des services municipaux.

Chambres de commerce et groupements similaires. — Il y a à Tanger un *Syndicat international des intérêts économiques*.

Un *Comité Consultatif du Commerce français au Maroc*, fonctionnant à Tanger sous l'égide de la Légation de

France et subventionné par le Ministère du Commerce, tient lieu de « Chambre de Commerce ».

La *Société française pour le développement du Commerce au Maroc* de Casablanca s'occupe plus spécialement des intérêts agricoles et commerciaux français dans cette localité et en Chaouia.

Le *Comité du Maroc* (siège à Paris, 21, rue Cassette) et sa Délégation générale à Tanger se sont donné pour mission de réunir, au bénéfice de l'expansion économique française, tous les renseignements centralisés généralement par les attachés commerciaux et les Chambres de Commerce.

Impôts. — Une « taxe urbaine » qui a été créée dans les ports marocains atteint la propriété bâtie.

Les Européens sont exemptés d'autres impôts directs. Dans les districts ruraux, leurs associés agricoles doivent néanmoins les impôts agricoles *achour* et *zekkat*.

Les propriétaires agricoles européens paient également ces impôts dans l'âmalat d'Oudjda. Ils seront tenus de les payer prochainement en Chaouia.

II. — Régime douanier (1)

a) *Produits marocains à leur entrée en France.* — Ils sont tous atteints par le tarif minimum.

b) *Produits marocains à leur sortie en Algérie par terre.* — Ces produits ne paient, à leur entrée en Algérie, que des droits statistiques insignifiants.

Par mesure spéciale, les bœufs provenant des ports marocains peuvent débarquer à Nemours et sont considérés comme entrés par terre, à condition d'être ramenés vers la frontière marocaine avant de pénétrer définitivement en Algérie.

c) *Droits d'importation au Maroc par les huit ports*

---

(1) Voir la publication du même auteur : *Situation économique du Maroc 1908-1909.* Voir aussi page 47 de cette *Notice* les droits de douane prélevés sur les marchandises les plus courantes.

ouverts. — 12,50 % *ad valorem*, pour la majorité des articles.

7,50 % *ad valorem*, pour un certain nombre d'articles (1).

d) *Droits d'importation au Maroc par la frontière algéro-marocaine.* — Ces droits varient avec les articles. Ils correspondent en général à 5 % de la valeur (2).

e) *Droits d'exportation par les huit ports ouverts.* — Ces droits variables avec les produits, sont prévus dans un tarif spécial (1).

f) *Droits d'exportation par la frontière algéro-marocaine.* — Ces droits sont, en général, moins élevés que dans les ports marocains.

Ils sont énumérés dans un tarif spécial (2).

g) *Droits d'importation et d'exportation par les places espagnoles.* (Melilla et Cap-de-l'Eau; baies d'Alhucémas et de Penon de Velez; place de Ceuta). Toutes ces places sont des « ports francs » à l'importation et il n'est perçu aucune espèce de droit de douane à l'entrée des marchandises en territoire marocain, pas plus du reste qu'à leur sortie. Cette sorte de contrebande officielle ne saurait durer indéfiniment, car elle lèse gravement le commerce européen qui paie des droits d'entrée et de sortie importants, aussi bien dans les huit ports ouverts que sur la frontière algérienne.

III. — Troupes régulières

a) Armée chérifienne (Méhallas de réguliers).

Campée généralement autour de Fez. . . . 5.000 hommes environ.
(Infanterie, cavalerie, artillerie), instruits par les officiers et sous-officiers de la mission militaire française.

(1) Voir la publication du même auteur *Situation économique du Maroc 1908-1909*. Voir aussi page 47 de cette *Notice* les droits de douane prélevés sur les marchandises les plus courantes.
(2) S'adresser à M. le capitaine des douanes à Oudjda pour se procurer ce tarif. Voir aussi, plus loin, page 49.

b) Troupes de la police marocaine

VILLES	INSTRUCTEURS		Nombre d'hommes de troupe franco-marocaine	Nombre d'hommes de troupe hispano-marocaine	TOTAL
	FRANÇAIS	ESPAGNOLS			
Tétouan		2 officiers. 4 sous-offic.		300	300
Tanger	4 officiers. 8 sous-offic.	2 officiers. 4 sous-offic.	400	200	600
Larache		2 officiers. 3 sous-offic.		200	200
Rabat	2 officiers. 4 sous-offic.		300		300
Casablanca	1 officier. 2 sous-off.	2 officiers. 4 sous-offic.	100	300	400
Mazagan	2 officiers. 3 sous-offic.		200		200
Saffi	1 officier. 2 sous-offic.		200		200
Mogador	2 officiers. 4 sous-offic.		300		300
TOTAUX	35	23	1.500	1.000	2.500

C) Troupes françaises d'occupation

	TERRITOIRES surveillés (en kil. carrés)	NOMBRE d'habitants	EFFECTIFS des troupes françaises
Chaouïa	16.000	300.000	5.000 hommes
Amalat d'Oudjda et dépendances	10.000	130.000	4.000 —
Haut Guir et dépendances	50.000	70.000	1.600 —
TOTAL	76.000	500.000	10.600 hommes

D) Troupes espagnoles d'occupation

	TERRITOIRES surveillés (en kil. carrés)	NOMBRE d'habitants	EFFECTIF des troupes espagnoles
Place de Melilla	20	18.000	5.000 hommes
Zone occupée autour de Melilla	2.000	25.000	20.000 —
Place de Ceuta	40	12.000	16.000 —
Places des Zaffarines, Peñon de Velez et Alhucémas	10	550	2.000 —
TOTAL	2.070	55.550	43.000 hommes

IV. — Salubrité et santé publique (1)

A Tanger .... Hôpital et dispensaire indigène français. Plusieurs pharmacies françaises. Institut Pasteur français en construction.

Dans tous les ports du Littoral (sauf Tétouan.) — Un médecin et un dispensaire français officiels.

A Fez .... Un hôpital et un dispensaire français.

A Marrakech ...... Un hôpital français projeté.

A Tetouan (2) ..... Médecin russe très apprécié.

V. — Enseignement et cultes

Etablissements Scolaires enseignant le Français

Un Collège français divisé en :

    Petit Collège (*Enseignement primaire*, à Tanger);

    Grand Collège (*Enseignement secondaire*, à Tanger).

Ecoles françaises pour Européens à Tanger, Larache, Casablanca, Mogador. — Martimprey et Berkane (Beni-Snassen).

Ecoles de l'Alliance israélite universelle (où l'enseignement est donné en français). Dans les 8 ports ouverts; — à Fez et à Marrakech.

Ecoles Franco-Arabes : Dans les 8 ports ouverts; — à Fez et à Oudjda.

Bibliothèques

Bibliothèque de la " Mission Scientifique " à Tanger.

Bibliothèques techniques du *Comité du Maroc* et du *Comité Consultatif du Commerce français*, à Tanger.

Bibliothèques populaires à Tanger (Petit Collège); Casablanca (Ecole Blaché); Mogador (Ecole Prisse d'Avesne).

Archéologie et Recherches Scientifiques

Un établissement français réunissant la *Mission Scientifique* et la *Mission Archéologique du Maroc* s'occupe à Tanger d'études et de recherches archéologiques, historiques, sociologiques, juridiques.

Cultes

Le culte catholique est exercé par des missionnaires franciscains qui sont tous espagnols. Ces missionnaires ont des chapelles dans tous les ports ouverts. Ils dépendent d'un évêque (vicaire apostolique installé à Tanger).

---

(1) Pour la Chaouïa et la région algéro-marocaine voir pages 16 et 22.

(2) A Ceuta et à Melilla : Médecins et pharmaciens civils et militaires espagnols. Hôpitaux militaires espagnols.

CHAPITRE VI

RÉGIME ÉCONOMIQUE ET SOCIAL

I. — Population

(Statistiques approximatives)

La population totale du Maroc s'élève, suivant des évaluations diverses, à 5 ou 6 millions d'habitants qui se répartissent approximativement ainsi :

Tableau I

POPULATION	BLAD-MAGHZEN	BLAD-SIBA	TOTAL
Indigènes................	2.400.000	2.600.000	5.000.000
Français et sujets français	6.500	2.000 (Algériens)	8.500
Espagnols	10.500	»	10.500
Autres Européens........	2.000	»	2.000
Total......	2.419.000	2.602.000	5.021.000

Tableau II

POPULATION	HUIT PORTS MAROCAINS	VILLES de L'INTÉRIEUR	CAMPAGNES	TOTAL
Indigènes...........	220.000	235.000	5.455.000	5.000.000
Français et sujets français...........	4.700	1.800	2.000	8.500
Espagnols	10.450	50	»	10.500
Autres Européens ...	1.920	80	»	2.000
Total......	237.070	236.930	4.547.000	5.021.000

TABLEAU III

POPULATION	CHAOUIA	RÉGION ALGÉRO-MAROCAINE	AUTRES RÉGIONS DU MAROC	TOTAL
Indigènes............	300.000	200.000	4.500.000	5.000.000
Français	2.500	500	5.500	8.500
Espagnols...........	2.500	400	7.600	10.500
Autres Européens ...	650	100	1.250	2.000
TOTAL......	303.650	201.000	4.514.350	5.021.000

TABLEAU IV

POPULATION CIVILE	CEUTA	PRÉSIDES (ilots)	MELILLA ET ZONE	TOTAL
Indigènes...........	200	50	23.000	23.250
Français	»	»	50	50
Espagnols	12.000	500	20.000	26.500
Autres Européens ...	»	»	50	50
TOTAL......	12.200	550	43.100	55.850

II. — Postes, Télégraphes et Téléphones

a) Bureaux français ouverts au « Télégraphe français »
(Câble ou fil aérien) (1)

Tanger.	(Télégraphes et télépho-nes militaires dans tous les postes mili-taires de la Chaouïa).
Oudjda (téléphone)	
Martimprey (Amalat d'Oudjda)	
Berkane	
Dou-Denib (Haut Guir)	

b) Bureaux de poste français au Maroc

PORTS ouverts	GRANDES VILLES de L'INTÉRIEUR	PETITES VILLES maritimes	PETITES VILLES de L'INTÉRIEUR
Tanger.	Fez-Medina.	Azemmour.	Mékinès.
Tétouan.	Fez-Mellah.	Arzila.	El-Ksar.
Larache.	Marrakech-Medina.	Méhédya.	Oudjda.
Rabat.	Marrakech-Mellah.	Salé.	Martimprey
Casablanca.			Taforalt } Beni-Snassèn
Mazagan.			Berkane
Saffi.			Bou-Denib (Haut-Guir.
Mogador.			

(1) *Télégrammes.* — Tanger-Algérie (ou Tunisie) et Oudjda : 0,15 le mot ; Tanger-France : 0,20 le mot ; Oudjda-Algérie et Tunisie : 0,10 le mot ; Oudjda-France : 0,15 le mot.

c) Télégraphes chérifiens (Télégraphie sans fil)

(Taxe uniforme de bureau à bureau : 0,30 le mot).

Postes à Tanger.
—   Rabat (1).
—   Casablanca (par courrier jusqu'à Mazagan).
—   Mogador (par courrier jusqu'à Saffi).

d) Taxe des lettres par les postes françaises
(Service intérieur du Maroc)

Les correspondances postales de ou pour les diverses localités du Maroc sont ainsi fixées :

Lettres :

Jusqu'à 20 grammes, 0,10 centimos (*hassani*) ;
Au-dessus de 20 grammes, jusqu'à 250 gr. (poids maximum), 0,25 cent.

Cartes postales :

Simples, 0,05 centimos ;
Avec réponse payée, 0,10 centimos.

Imprimés :

Jusqu'à 50 grammes, 0,03 centimos ;
Au-dessus de 50 grammes, jusqu'à 100 gr., 0,05 centimos ;
Au-dessus de 100 grammes, jusqu'à 250 gr., 0,10 cent.
Au-dessus de 250 grammes, jusqu'à 500 gr., 0,25 cent.
Au-dessus de 500 grammes, jusqu'à 1 kgr., 0,35 cent.
Au-dessus de 1 kgr. jusqu'à 1 kgr. 350 gr. (poids maximum), 0,75 cent.

Echantillons :

Jusqu'à 250 grammes, 0,10 centimos ;
Au-dessus de 250 grammes, jusqu'à 350 gr. (poids maximum), 25 cent.

Papiers d'affaires :

Jusqu'à 250 grammes, 0,10 centimos ;
De 250 à 500 grammes, 0,25 centimos ;
De 500 grammes jusqu'à 1 kilogramme, 0,35 centimos ;
De 1 kilogramme jusqu'à 2 kilogrammes (poids maximum), 0,75 cent.

Droit fixe de recommandation :

Lettres et cartes postales, 0,25 ;
Autres objets, 0,10 centimos.

Les taxes, dans les relations postales du Maroc avec la France, l'Algérie, la Tunisie et les colonies françaises, sont celles du *Service intérieur français*. (Lettres, jusqu'à 20 grammes, 0,10 centimos, etc....)

---

(1) Télégramme de France pour un de ces postes : 0,70 le mot ; télégramme d'Algérie (ou Tunisie) et d'Oudjda pour un de ces postes : 0,65 le mot.

c) Colis postaux

Le service des colis postaux de 3, 5 et 10 kilogr. entre Marseille, l'Algérie-Tunisie et les ports marocains est assuré par les paquebots des compagnies *Paquet* et *Navigation Mixte*, moyennant les taxes suivantes :

VOIE	TAXE non compris le droit de timbre de 0,10	DROIT additionnel d'assurance par 300 ou fraction de 300 francs	LIMITE des dimensions	LIMITE de volume	NOMBRE de déclarations en douane
VOIE DES PAQUEBOTS FRANÇAIS					
de 0 à 5 kilogr.	1,50	0,20	60 m. (1)	25 dmc	2
de 5 à 10 —	2,40	0,20	1 m. 50	55 dmc	2

III. — Crédit

BANQUES

Banque d'État du Maroc : Tanger, Casablanca, Mogador, Oudjda.
Compagnie Algérienne : Tanger, Casablanca, Safli, Oudjda.
Crédit foncier d'Algérie et de Tunisie : Tanger, Casablanca, Safli, Fez.

Ces établissements s'occupent de toutes opérations de banque. Ils consentent des prêts hypothécaires, des crédits de campagne, des avances sur récoltes.

IV. — Monnaies.

La monnaie marocaine courante, *hassani* ou *azizi*, se décompose ainsi :

APPELLATION	VALEUR LOCALE	VALEUR EN FRANCS (au cours moyen de 150 %)
Rial ou douro	5 pesetas hassani	3 fr. 35 cent.
Ntouç rial ou nouç douro (1/2 douro)	2 50	1 67
Robà rial ou robà douro (1/4 de douro)	1 25	0 84
Zoudj bilioun ou guerch	0 50	0 33
Bilioun ou griech	0 25	0 17

(1) Par exception sont admis les colis contenant des articles comme cannes, parapluies, plans ou cartes en rouleau, toiles, étoffes enroulées ne dépassant pas 1 m 06, pourvu que ces envois aient une faible épaisseur et ne soient pas encombrants.

Le change de cette monnaie oscille entre 145 et 155 %. (100 francs = 145 à 155, pesetas hassani, suivant l'époque). Le change se fait dans les banques ou chez de petits changeurs israélites.

A Tanger, la monnaie courante entre européens et israélites (magasins de détail, loyers, cafés, spectacles) est la monnaie espagnole dont le change oscille entre 106 et 110 %.

Dans la région algéro-marocaine et dans la Chaouia, la monnaie française tend de plus en plus à remplacer la monnaie marocaine dans les centres habités par des européens.

V. — Poids et mesures

Le système des poids et mesures est infiniment *variable* au Maroc. En dehors de la région algéro-marocaine et de la Chaouia, où pénètre peu à peu le système métrique, les poids et mesures employés sont ceux en usage dans le pays ; ils varient avec les villes et les régions.

Voici, néanmoins, les plus employés dans le nord et l'ouest du Maroc.

A) Mesures de longueur

NOM DE LA MESURE	DIMENSIONS LOCALES	LONGUEUR APPROXIMATIVE
1° — POUR L'ARPENTAGE, LES FOSSÉS ET LES PUITS		
Qama	3 coudées (*drâa*)	1m50 envir. (longueur des 2 bras étendus).
2° — POUR LA MENUISERIE ET LA CHARPENTE		
Cheber (grand empan).....	....	0m25 environ (entre le pouce et le petit doigt étendus).
Fter ou *Foum-el-kelb* (petit empan)	....	0m20 environ (entre le pouce et l'index étendus).
3° — POUR LA MAÇONNERIE		
Draa (coudée)..........	2 empans (*cheber*)..........	0m50 envir. (longueur de l'avant-bras).
Qedem (pied)..............	12 pouces (*cebâ*)	0m30 environ (un peu plus long que le cheber).

NOM DE LA MESURE	DIMENSIONS LOCALES	LONGUEUR APPROXIMATIVE
4° — Pour les étoffes fabriquées dans le pays		
Draa (coudée)...............	....	0ᵐ50 environ.
Nouç draa (1/2 coudée)	....	0ᵐ25 environ.
Robâ draa (1/4 de coudée) ...	....	0ᵐ12 environ.
5° — Pour les étoffes importées		
Qala (règle en bois)	2 *cheber* 1/4 ou 30 *cebâ* (pouces)..........	0ᵐ54 environ.
Nouç qala (1/2 qala)........	....	0ᵐ27 environ.
Robâ qala (1/4 qala)........	....	0ᵐ14 environ.
Yarda (yard anglais)	....	0ᵐ91 centimètres.
Vara (mesure espagnole)... .	....	0ᵐ61 centimètres.

B) Poids

NOM DU POIDS	APPLICATIONS LOCALES	POIDS APPROXIMATIF
1° — Pour l'épicerie et les marchandises importées		
Qentar attari..............	....	50 kilogr. environ.
Nouç qentar (1/2 qentar).....	....	25 kilogr. environ.
Robâ qentar (1/4 de qentar)..	....	12 kilogr. 500 environ.
Retel	....	1 kilogr. environ.
Nouç retel	....	500 grammes environ.
Arbaa aouaq (4 onces)	1/4 de retel....	125 grammes environ.
Ouqia (1 once)...............	1/16 de retel...	31 grammes environ.
2° — Pour les légumes et les fruits		
Qentar baqqali	....	80 kilogr. environ.
Nouç qentar (1/2 qentar).....	....	40 kilogr. environ.
Robâ qentar (1/4 de qentar).	....	10 kilogr. environ.
Retel (livre dite « grosse livre »)..	....	800 grammes environ.
Nouç retel (1/2 livre)........	....	400 grammes environ.
3° — Pour la boucherie, les laines, le charbon		
Qentar (Ouezzari, Feheml ou Derrazi)..............	....	100 kilogr. environ.
Nouç qentar (1/2 qentar).....	....	50 kilogr. environ.
Robâ qentar (1/4 de qentar)..	....	25 kilogr. environ.
Retel....................	....	1 kilogr. environ.
Nouç retel	....	500 grammes environ.
Arba aouaq (4 onces)	1/4 de *retel*....	125 grammes environ.

C) Mesures de capacité (1)

NOM DE LA MESURE	DIMENSIONS LOCALES	CONTENANCE APPROXIMATIVE
1° — POUR LES GRAINS		
Moudd	64 litres envir.	40 kilogr. de blé env.
Nouç moudd (1/2 *moudd*).....	32 litres envir.	20 kilogr. de blé env.
Thoumni (1/8 de *moudd*).....	8 litres envir.	5 kilogr. de blé env.
2° — POUR L'HUILE		
Qolla (jarre)................	30 *retel* de 800 grammes env.	24 kil. ou 26 lit. env.
Nouç qolla..................	1/2 qolla	12 ou 13 litres environ.
Kas (bol)...................	1/16 de *qolla*...	1 k. 1/2 ou 1 l. 1/2 env.

VI. — Droits de Douane (2)
(*Sur les principaux articles*)

1° DROITS PERÇUS DANS LES HUIT PORTS MAROCAINS

(TÉTOUAN, TANGER, LARACHE, RABAT, CASABLANCA, MAZAGAN, SAFFI, MOGADOR.)

A) Importations

a) Tarifs d'Importation

La plupart des produits étrangers qui entrent au Maroc par les huit ports ouverts paient un droit de 12,50 0/0 *ad valorem*. Quelques produits seulement sont tarifés à 7,50 0/0 de la valeur. Ce sont les suivants :

1. Tissus de soie pure ou mélangée ;
2. Bijoux d'or et d'argent ;
3. Pierres précieuses et fausses ;
4. Rubis ;
5. Galons d'or ;
6. Toutes les espèces de vins ou de liquides « distillés » ;
7. Les pâtes alimentaires ;

b) Importations interdites

L'entrée par les huit ports marocains est interdite à certains articles. Ce sont :

1. Les armes et les munitions ;
2. La poudre et les explosifs ;

(1) Ce sont les mesures qui varient le plus au Maroc. Celles que nous donnons ci-dessus s'appliquent, en général, au Gharb et au N.-O. du Maroc.
(2) Voir page 37 : Le Régime douanier.

3. Le salpêtre ;
4. Le soufre ;
5. Le plomb de guerre et le plomb en feuilles ;
6. L'opium ;
7. Le tabac (1) ;
8. Le kif (ou chanvre à fumer) ;
9. La monnaie hassani.

B) Exportations

(DROITS DE DOUANE A PAYER)

PRODUITS	QUANTITÉS ou POIDS	TARIF en Mux hass	Equivalence en Peset. has.
1. Animaux vivants			
Bœufs	Tête	. . . . .	25 »
Poules	La douzaine	10	2 50
2. Produits et dépouilles d'animaux			
Œufs.	Le mille	25	6 25
Cire brute.	Q. Anglais (2)	50	12 50
Laine en suint.	—	27 1/2	6 75
Laine lavée.	—	40	10 »
Peaux de bœufs	—	18	4 50
Peaux de moutons	—	18	4 50
Peaux de chèvres	—	18	4 50
Peaux tannées	—	50	12 50
Cornes.	Le mille	8	2 »
Poils et crins	Q. Anglais	15	3 75
Boyaux	—	10	2 50
Os	—	—	—
3. Céréales et graines			
Blé	Fanègue (3)	10	2 50
Maïs	—	—	2 50
Orge	—	6	1 50
Fèves.	—	10	2 50
Pois chiches	—	10	2 50
Lentilles.	—	10	2 50
Alpiste.	Q. Anglais	5	1 25
Graines de lin	—	5	1 25
Fenugrec	—	5	1 25
Millet	Fanègue	10	2 50

(1) Sauf autorisation de l'Administration du *Monopole des Tabacs.*
(2) 50 kilogr. 75.
(3) La fanègue-type est de 56 litres. Elle devrait être prise pour base dans tous les ports.

PRODUITS	QUANTITÉS en POIDS	TARIF en tout hassani	Équivalence en Peset. has.
1. Fruits et légumes			
Dattes	Q. Anglais	20	5 »
Amandes	Q. Anglais	15	3 75
Oranges	Le mille	4	1 »
Citrons		4	1 »
Pommes de terre.			5 0 0 al valem
5. Végétaux et produits divers			
Origan	Q. Anglais	4	1 »
Chanvre	—	16	4 »
Lin	—	16	4 »
Fassoukh	—	10	2 50
Alfa	—	2	0 50
Feuilles de roses.	—	80	20 »
Ecorces d'arbres.	—	6	1 50
Sarghine.	—	5	1 25
Liège.	—	6	1 50
Gommes.	—	8	2 »
Huile.	—	25	6 25
6. Minéraux et produits minéraux			
Ghassoul	—	7 1/2	1 77 50
7. Produits ouvrés			
Babouches			5 0 0 al valem
Couvertures de laine			—
Tapis			—
Haïcks.			—
Djellabas			—
Sacoches en cuir.		—	—
Nattes.			8 0 0 al valem
Crin végétal.	Q. Anglais	2 1/2	0 62 50

2° DROITS PERÇUS SUR LA FRONTIÈRE ALGÉRO-MAROCAINE

(SAÏDIA, MARTIMPREY, OUDJDA, ETC...)

A) Importations

MARCHANDISES	UNITÉS	PRIX
Sucres raffinés, pains ou agglomérés.	100 kilos	2 fr.
Cafés.	—	5 »
Poivre et piment.	—	10 »
Girofles.	—	15 »

MARCHANDISES	UNITÉS	PRIX
Autres denrées coloniales (armoise, cannelles, muscades, macis, vanille).................	100 kilos	20 fr.
Thé.........	—	10 »
Tabacs en feuilles.................	—	5 »
Tabacs fabriqués { Cigares, cigarettes........	—	20 »
{ A priser, mâcher, fumer..	—	15 »
Bois et matériaux de construction............	....	30,0 ad valorem
Farine de blé dur ou tendre.................	100 kilos	1 50
Farine d'avoine, orge, seigle, maïs.............	. . .	1 »
Riz.................	—	2 »
Légumes secs et leur farine..................	—	1 »
Fruits de table frais.................	—	1 »
Fruits secs.................	—	3 »
Dattes et olives.................	—	1 »
Limonade.................	la bouteille	0 05
Sirops............ {	—	0 15
{	l'hectolitre	15 »
Couleurs; savons; parfumerie; bougies; tissus de laine, de coton ou de soie; vêtements; pièces de lingerie et objets confectionnés; papiers et cartons; meubles et ouvrages en bois. Allumettes; tabletterie; boutons, et autres marchandises.................	....	30,0 ad valorem

B) Exportations

MARCHANDISES	UNITÉS	PRIX
Chevaux, juments, poulains, mules et mulets.	tête	3 fr.
Chameaux et chamelles..................	—	2 »
Anes et ânesses..................	—	1 »
Bœufs, vaches, taureaux..................	—	3 »
Bouvillons, taurillons, veaux..................	—	2 50
Moutons, béliers, brebis, agneaux, chèvres...	—	0 30
Autres bestiaux..................	—	0 50
Animaux vivants non dénommés............	....	(Exempts)
Viandes abattues..................	100 kilos	3 »
Gibiers, tortues, volailles et pigeons vivants ou morts.................	unité	0 05
Peaux brutes, fraîches ou sèches { Grandes (chevaux, mulets, chameaux, bœufs et animaux de même taille)..	la pièce	0 10
{ Petites (moutons, chèvres, gazelles et animaux de même taille)............	—	0 05

MARCHANDISES	UNITÉS	PRIX
Poils bruts provenant de la tonte.............	100 kilos	2 50
Laines.............. } *Par toison*.........	la pièce	0 05
....	100 kilos	2 50
Cire animale brute.......................	—	5 »
Œufs de volaille ou de gibier..................	le cent	0 20
Miel...........................	100 kilos	3 »
Beurre frais ou salé......................	—	5 »
Huiles............................	—	3 »
Savon indigène.......................	—	3 »
Blé dur ou tendre.......................	—	1 »
Farine de blé dur ou tendre	—	1 »
Avoine, orge, seigle, maïs et sarrazin	—	0 50
Farine d'avoine, orge, seigle, maïs et sarrasin.	—	1 »
Légumes secs et leurs farines..................	—	1 »
Fruits de table frais......................	—	1 »
Fruits secs...........................	—	3 »
Dattes et olives........................	—	1 »
Pommes de terre.......................	—	0 35
Paille.............................	—	0 10
Alfa, crin végétal.......................	—	0 10
Bois de chauffage......................	—	0 05
Charbon de bois.......................	—	0'10
Vêtements de laine, de coton ou de soie; couvertures et tapis de laine; peaux préparées; ouvrages en peau ou en crin, brodés ou non; objets d'art et d'ornement en or, argent, cuivre; marchandises d'autre nature.......	....	50,0 et valeur
Monnaie d'or et d'argent..................		(Exempte)

VII. — Droits d'acconage dans les ports

Ces frais, bien que prévus par des tarifs, sont encore variables et aléatoires.

Voici, néanmoins, les droits généralement perçus :

1. Allèges et chalands

	Pesetas hassani
Poids lourds (la tonne)......................	4.00
Thés (la caisse de 25 kilogr.)	0.125
Ciment (le baril de 180 kilogr.)...............	0.625
Tissus (le ballot de 100 pièces)...............	1.00
Tissus confectionnés (le ballot de 100 paquets).	0.375
Caisses de verrerie (les 100 kilogr.)...........	0 65

2. Portefaix (manutentions en douane)

(La moitié de la taxe perçue pour les allèges.)

3. Taxes de magasinage

Après 20 jours d'entrepôt, 2 p. h. par mois et par 100 kilogr. (taxe minima).

Les fractions de 100 kilogr. paient un droit en proportion.

Les colis postaux sont délivrés sans frais de manutention par les magasins de la douane.

VIII. — Les taux du fret

A) Port de Tanger (1)

PRIX EN FRANCS ET PAR TONNE

a) Importations

MARCHANDISES	De MARSEILLE	De BORDEAUX et la Rochelle
Sucre	18	15
Thé.............................	75	»
Farines et semoules.................	13	»
Riz	15	»
Pommes de terre...................	»	18
Café..............................	18	40
Dattes de l'Inde	18	»
Beurre	»	30
Vins en fûts......................	15	25
Vins en caisses...................	20	32
Cotonnades	55	»
Couvertures......................	55,65	»
Chaux et ciment	12	»
Tuiles et briques.................	13	»
Mobilier	»	40

b) Exportations

MARCHANDISES	Pour ORAN	Pour MARSEILLE
Bœufs............................	(2)	20 fr.
Œufs	»	30
Peaux............................	15	20
Cire brute........................	25	30
Son	»	11
Babouches, haïks et djellabas.............	50	65

(1) Depuis mars 1910.
(2) Pour Nemours : 11 fr.

B) Port de Saffi (1)

FRETS PRATIQUÉS PAR LES DIFFÉRENTES COMPAGNIES (par tonne)

MARCHANDISES	MARSEILLE
Amandes	45 fr.
Cire	50
Coriandre	25
Cumin	50
Fenugrec et graines de lin	12 50
Fèves et maïs	12 50
Gommes	50
Huile d'olive	35
Laine en suint	40 et 55 (2)
Laine lavée	60 et 70
Œufs	60
Orge	12 50
Os	25
Peaux de chèvres (N. Y.)	45 net
Peaux de moutons	35
Poils de chèvres	40
Racine d'iris	40

C) Port de Mogador (3)

PRIX EN FRANCS ET PAR 100 KILOS

Exportations

MARCHANDISES	MARSEILLE	BORDEAUX
Alpiste et millet	1 50	2 75
Anis, cire jaune brute, gomme arabique	4	»
Babouches, laine lavée et débris pressés, nattes, sparterie, œufs	5	7 (œufs)
Blé en sacs	1	2 75
Coriandre, ghassoúl, os	2	3 50 (coriandre)
Cornes	4	»
Dari, fenugrec, fèves, orge en sacs, pois chiches	1 25	3
Peaux de chèvres, bœufs et veaux	2 50	»
Peaux de moutons	2	5
Peaux tannées	2 50	»
Laine en suint pressée, écorces à tan, sparterie	3	5

(1) Depuis juin 1910.
(2) Non pressée.
(3) Depuis le début de 1910.

MARCHANDISES	MARSEILLE	BORDEAUX
Laine en suint non pressée	4 50	»
Laine lavée non pressée	6 50	»
Lentilles, graines de lin, maïs en sacs	1 25	3 »
Huiles en fûts	3	4 80
Gomme sandaraque	3	»

D) Port de Casablanca (1)

a) De Casablanca à Marseille

MARCHANDISES	Prix en francs par 100 kil.
Alpiste, millet	1 50
Amandes, racines d'iris, poils de chèvres	3 50
Cire jaune brute, cornes, dattes, gomme arabique et de sandaraque	4 »
Babouches, laine lavée, liège brut, nattes, œufs	5 »
Blé en sacs, fenugrec, fèves, maïs en sacs, orge en sacs, pois chiches	1 »
Chiffons, peaux de chèvres et bœufs, peaux de moutons . .	2 50
Coriandre, ghassoul, os de bétail	2 »
Cumin, écorces à tan, fassoukh, laine en suint pressée . .	3 »
Couvertures, tapis, fleurs de roses	6 »
Dari, lentilles, graines de lin	1 25
Racines de pyrèthre et de sarghine	4 50
Laine lavée	6 50

b) De Casablanca à Dunkerque, Bordeaux, Havre et Rouen

(par transbordement à Marseille)

PRIX PAR TONNE

Blé, maïs, orges, fèves, fenugrec, dari, lentilles, pois chiches : Dunkerque et Bordeaux 24 fr., Havre 26 (blé 25), Rouen 27 50. — Graines de lin : Dunkerque et Bordeaux 26 50, Havre 27 50, Rouen 30. — Coriandre : Dunkerque et Bordeaux 35, Havre 37 50, Rouen 40 fr.

IX. — Main d'œuvre. — Salaires

La main-d'œuvre la plus maniable et la plus laborieuse est la main-d'œuvre indigène.

Les chantiers qui donnent les meilleurs résultats comme rende-

(1) Depuis avril 1910.

ment et bonne exécution du travail sont ceux qui sont conduits par des contremaîtres français ou italiens utilisant des journaliers marocains.

Voici quelques indications sur les salaires quotidiens :

MAIN-D'ŒUVRE	A TANGER (par jour)	A CASABLANCA (par jour)	AUTRES PORTS MAROCAINS (par jour)
Contremaître de chantier	8 à 9 pes. esp.	8 à 9 francs	8 à 10 francs
Maître-maçon européen	5 à 8 pes. esp.	5 à 8 francs	6 à 9 francs
Maçon indigène	4 à 6 pes. has.	3 à 4 francs	3 à 4 pes. has.
Maçon ou terrassier indigène	2 à 2 50 p. has.	1 50 à 2 francs	1 50 à 2 50 p. h.
Jardinier européen . . .	4 à 5 pes. esp.	4 à 5 francs	5 à 7 francs
— indigène . . .	2 à 3 pes. has.	2 à 3 francs	2 à 3 pes. has.
Cultivateur (adulte). . .		1 50 à 2 p. h.	1 50 à 2 p. h.
— (adolescent)	—	0 75 à 1 50 p. h.	0 75 à 1 50 p. h.

X. — Logements

Les logements bon marché sont difficiles à trouver, même à Tanger et Casablanca. Il faut prévoir un séjour à l'hôtel assez long dans les ports de la Côte avant de trouver une habitation à louer. Dans les villes de l'intérieur comme Fez, Marrakech, El-Ksar, on campe généralement dans un jardin avant d'être pourvu d'un logement.

Voici quelques prix-courants :

JOURNÉE A L'HOTEL	TANGER	PORTS de la côte
Hôtel de premier ordre.	12 francs	
Hôtel de deuxième ordre	7 —	de 7 à 10 francs
Auberge.	2 à 3 pes. esp.	
LOCATION	Par mois	Par mois
Grande villa	300 à 400 francs	300 à 400 pes. has.
Maisonnette.	150 à 200 francs	100 à 200 pes. has.
Grand appartement.	150 à 200 francs	
Petit appartement.	60 à 100 francs	
Chambre meublée.	40 à 50 francs	60 à 80 pes. han.
Prix de la pension au mois pour un employé ou contremaître	75 à 90 pes. esp.	90 à 120 pes. has.

XI. — Alimentation

L'alimentation est la même qu'en Algérie-Tunisie et le Midi de la France.

Voici un aperçu de quelques prix-courants :

MARCHANDISES	A TANGER (1)	PORTS de la Côte	INTÉRIEUR du pays
	PESETAS ESP.	PESETAS HASSANI	PESETAS HASSANI
Pain.	0 p. h. 25 la demi-livre	0 25 le pain	Fabriqué dans les maisons
Viande de bœuf. . .	1 25 le kilogr.	1 25 le kilogr.	1 25 le kilogr.
Viande de mouton .	1 50 le kilogr.	1 50 le kilogr.	1 50 le kilogr.
Vin ordinaire	0 40 le litre.	1 » le litre.	1 » le litre
Sucre blanc.	0 50 à 0 60 le k.	0 50 le kilogr.	0 50 les 500 gr.
Beurre.	2 25 la boîte de 1 livre	2 » la livre	2 » les 800 gr.
Pâtes alimentaires .	0 50 le kilogr.	0 25 la livre	0 75 les 300 gr.
Pommes de terre . .	0 25 le kilogr.	0 25 la livre	0 50 le kilogr.
Œufs	1 » la douz.	0 75 la douz.	6 » le 100
Lait	0 50 le litre.	0 75 le litre	0 50 le litre
Volaille	1 50 à 2 la pièce	0 75 à 1 la pièce	1 » à 1 50 la pièce
Légumes divers . . .	0 50 à 0 75 le k.	0 25 à 0 50 la liv.	0 25 à 0 50 la liv.
Poisson.	0 25 à 1 50 la pièce	0 25 à 1 l'un	2 aloses 1 »
Eau-de-vie	0 80 à 3 le litre	1 50 à 5 le lit	1 » à 3 le lit.
Pétrole	0 30 le litre	0 10 le litre	0 45 le litre
Charbon	4 à 5 p. h. la charge	0 25 la livre	0 25 le kilogr.

(1) Consulter du même auteur, *Les Conditions d'existence à Tanger.*

CHAPITRE V

COMMERCE

§ 1. Maroc occidental

A) Blad Maghzən non occupé par les troupes françaises

PORTS OUVERTS (avec police organisée) (*Tanger et Casablanca non compris*)	PETITES LOCALITÉS MARITIMES non ouvertes au commerce par mer	VILLES de L'INTÉRIEUR
Tétouan (1)	Arzila	Fez
Larache	Méhédya	Mékinès
Rabat	Azemmour	El-Ksar
Mazagan		Marrakech
Saffi		
Mogador		

1° COMMERCE DE GROS ET DEMI-GROS

a) Marchandises d'importation pour indigènes (par les six ports ouverts ci-dessus seulement (1)

MARCHANDISES COURANTES	ORIGINE	QUANTITÉS IMPORTÉES EN 1909	
		En tonnes	En francs
Cotonnades.........	Angleterre (et France).	4.801	18.921.000
Sucres.............	France (et Autriche, Allemagne, Belgique).	30.000	12.620.000
Thé................	Angleterre (et France, Allemagne)...........	1.363	3.033.000
Bougies............	Angleterre (et France).	1.911	1.700.000
Draps	Allemagne (et Angleterre, France....	75	470.000
Soieries............	France (et Italie)......	24	465.000
Soies grèges	France (et Italie)......	31	421.000
Quincaillerie	Allemagne (et Angleterre, France)........	451 1/2	375.000
Huiles de coton.....	Angleterre (et Gibraltar).................	3.831	330.000

(1) Pour Tanger et Casablanca, voir pages 60 et 63.

REMARQUES. — Le commerce d'importations en gros est entre les mains de maisons européennes et indigènes. Il ne donne que de faibles bénéfices. Il nécessite de gros capitaux et amène à faire de longs crédits.

INDICATIONS. — *On assure que les maisons de gros et de demi-gros qui constitueraient des stocks importants en prenant des mesures pour que ces stocks ne se détériorent pas, pourraient faire des affaires plus intéressantes que les maisons de « commission ».*

Localités où il y a peu ou pas de maisons européennes: Tétouan, Rabat, Saffi, Fez, El-Ksar, Marrakech, Arzila, Méhédya, Azemmour.

b) **Marchandises exportées (par les six ports ouverts ci-dessus) (1)**

MARCHANDISES COURANTES	DESTINATION	QUANTITÉS EXPORTÉES EN 1909	
		En tonnes	En francs
Orges..............	Angleterre (et Espagne, Allemagne, France)..	69.769	7.813.000
Œufs..............	Angleterre (et Espagne)	4.893	5.560.000
Fèves..............	Angleterre (et Allemagne, Espagne, France)	15.671	1.956.000
Peaux de chèvres ...	France (et Angleterre, États-Un., Allemagne)	1.761	1.913.000
Laines..............	France (et Espagne, Allemagne, Angleterre).	1.432	1.055.000
Gommes de toutes sortes	Angleterre (et Allemagne)................	740	832.000
Blés	France (et Allemagne, Italie)..............	4.725	816.082
Alpiste	Angleterre (et France, Allemagne)...........	3.423	583.700
Cire brute.........	Allemagne (et Angleterre, France)........	165	487.200
Maïs..............	Portugal (et Angleterre, Allemagne)	3.787	453.800
Cumin, coriandre, fenugrec et autres grains	Angleterre (et Allemagne, France).......	1.095	439.000
Peaux de bœufs.....	France (et Italie, Espagne)	264	328.000
Graines de lin	France (et Allemagne, Angleterre)..........	1.301	314.500
Peaux de moutons..	France (et Allemagne).	350	306.000
Bœufs..............	Espagne (et Gibraltar, Algérie)	têtes 1.551	176.785
Babouches..........	Egypte (et Algérie, Sénégal).	tonnes 60	151.000

(1) Pour Tanger et Casablanca, voir pages 61 et 61.

c) Le Censal

Le *censal* (en arabe *semsar*) ou « courtier commercial » est un indigène marocain (musulman ou israélite) qui sert d'intermédiaire entre les maisons européennes et la clientèle indigène. Le censal doit offrir des garanties, — et ceci est l'intérêt même de son commanditaire, — et doit être choisi parmi les commerçants ou courtiers honorablement connus sur la place. La « patente » ou « carte de protection » délivrée à un censal le met à l'abri de l'arbitraire du Maghzen et le rend justiciable de l'autorité consulaire de son commettant ou associé européen. Une maison de commerce ne peut pas avoir plus de deux *censaux* dans une même localité. En principe elle n'a droit à des censaux que lorsqu'elle peut justifier d'un chiffre d'affaires annuel de 40.000 francs au minimum.

Ce « courtier commercial » achète et vend pour le compte de son client; il cherche à drainer, vers la maison pour laquelle il opère, les produits du pays; il place des marchandises chez les boutiquiers indigènes. Il est même un utile intermédiaire pour les achats de terrains et d'immeubles urbains et suburbains, pour les placements hypothécaires, etc.

Quand une maison de commerce désire s'attacher un *censal*, elle adresse à cet effet une demande écrite au consulat dont elle ressortit.

REMARQUES. — Le commerce d'exportation en gros est pratiqué par de vieilles maisons indigènes et européennes. Le plus souvent, ces firmes sont importatrices de marchandises en gros et pratiquent le système de l'association agricole avec les indigènes. Ce commerce nécessite en général l'immobilisation d'assez gros capitaux.

INDICATIONS. — *On constate que les relations entre l'ouest de la France et le Maroc sont à peu près nulles, faute de services de navigation. Un courant d'affaires pourrait être créé, tant à l'importation qu'à l'exportation, en comprenant Anvers et peut-être le Portugal dans le réseau de ce trafic franco-marocain.*

Localités où il y a peu ou pas de maisons européennes s'occupant d'exportation : Tétouan, Rabat, Saffi, Fez, Marrakech, Arzila, Méhédya, Azemmour.

2° COMMERCE DE DEMI-GROS ET DE DÉTAIL (1)

a) Articles d'importation pour indigènes et produits du pays

Pratiqué par des boutiquiers indigènes (musulmans et israélites). Concurrence difficile, sinon impossible, pour des maisons françaises.

(1) Pour Tanger et Casablanca voir pages 61 et 65.

b) Articles d'importation pour Européens et Israélites européanisés

Tenus par des boutiquiers israélites (Tétouan, Rabat, El-Ksar, Fez, Marrakech, Arzila, Méhédya, Azemmour).

Tenus par quelques commerçants français ou espagnols (Larache, Mazagan, Saffi, Mogador).

REMARQUES. — Commerce pratiqué par un grand nombre de moyens et petits commerçants. Bénéfices variables suivant le genre de commerce : faibles en général.

INDICATIONS. — *On préconise l'installation dans chacune de ces localités d'un établissement ainsi conçu :*

Auberge-Épicerie *comprenant :*

a) Fondak-écurie pour indigènes. — (Prix de location très minimes.)
b) Quelques chambres pour Européens de passage ou pensionnaires.
c) Pension bourgeoise pour Européens de passage ou pensionnaires.
d) Épicerie, denrées alimentaires, articles de ménage et de bazar, de quincaillerie pour indigènes.
e) Épicerie-mercerie (et articles de ménage et de bazar-quincaillerie pour Européens).
f) Salle de café pour Européens.
g) Café maure annexé et indépendant.
Ce « type » d'établissement, sérieusement et méthodiquement tenu, a donné d'excellents résultats en Algérie et en Tunisie. Sa composition peut varier suivant les besoins de la localité, suivant les ressources de l'organisateur. On conseillerait, nous dit-on, un établissement de ce genre à Tétouan, Larache, Saffi, Mogador, Azemmour. — Pour les villes de Fez, Marrakech, El-Ksar, Arzila, se renseigner au préalable auprès des autorités consulaires.

B) Tanger

45.000 habitants (10.000 Européens, 25.000 musulmans, 10.000 israélites.) Police hispano-marocaine (intra-muros) et franco-marocaine (extra-muros).

1° COMMERCE DE GROS ET DE DEMI-GROS

a) Marchandises d'importation pour les indigènes

(Mêmes remarques et indications que pour les autres ports ouverts.)

Commerce d'importation

MARCHANDISES	ORIGINE	QUANTITÉS IMPORTÉES EN 1909	
		En tonnes	En francs
Cotonnades.........	Angleterre (et Espagne, France).............	195	1.800.000
Sucres........	France (et Allemagne, Belgique)...........	1.967	830.000
Soies grèges.........	France.............	51	730.000
Draps..............	Allemagne (et Autriche, France).............	40	570.000
Farines et semoules.	France (et Belgique)...	2.076	540.000
Soieries	France.............	27	390.000
Huile de coton......	Angleterre (et Allemagne, France)........	439	375.000
Thé	Angleterre............	153	305.000
Bougies............	Angleterre (et France).	286	250.000
Café	France (et Angleterre).	106	105.000
Allumettes	France (et Italie)......	43	55.000

b) Commerce d'exportation

MARCHANDISES	ORIGINE	QUANTITÉS EXPORTÉES EN 1909	
			En francs
Bœufs	Espagne (et Angleterre, Algérie).............	têtes 16.690	1.880.000
Œufs..............	Angleterre (et Espagne).................	tonnes 10.032	1.100.000
Babouches..........	Egypte (et Sénégal)....	115	700.000
Peaux de chèvres ...	France (et Angleterre).	381	610.000
Peaux de bœufs	France (et Espagne)...	91	110.000
Cire brute..........	Allemagne (et France).	21	70.000

Mêmes remarques et indications que pour les autres ports ouverts.

2° COMMERCE DE DEMI-GROS ET DÉTAIL.

a) Articles d'importation pour indigènes et produits du pays (Voir paragraphe précédent).

b) Articles d'importation pour Européens et Israélites européanisés

MARCHANDISES COURANTES	ORIGINE	QUANTITÉ IMPORTÉE
Vins	France, Espagne	5.300 litres
Alcools et eaux-de-vie .	France (et Allemagne, Espagne, Belgique) . .	1.300 —
Meubles	France (et Espagne) . . .	125.000 kilogr.
Vêtements confectionnés	France	45.000 —
Chaussures	Espagne (et France) . . .	25.000 —

REMARQUES. — Ce commerce de demi-gros est entre les mains de maisons françaises, belges, allemandes, anglaises, espagnoles et israélites. Les bénéfices sont assez faibles. Il y a également plusieurs représentants de commerce sur la place.

INDICATIONS. — *Les maisons munies de stocks de marchandises de gros et demi-gros auraient, paraît-il, plus de chances de réussite que d'autres. L'essentiel serait d'arriver à installer des entrepôts sur des terrains relativement bon marché et pas trop éloignés du port.*

3° Commerce de Détail

REMARQUES. — Ce commerce est exercé par des maisons françaises, israélites et espagnoles.

INDICATIONS. — *Pour réussir, il faudrait soutenir une âpre concurrence et être placé dans un lieu passager. Les loyers des magasins sont fort chers, comparativement au peu de confort et à l'exiguïté de ces magasins.*

La clientèle européenne réclame :
1° Une grande épicerie, bien assortie, à des prix très abordables, toujours bien achalandée et ne manquant jamais de certaines denrées essentielles, accommodante avec la clientèle. A cette épicerie seraient annexés des rayons de : vins de table et vins fins ; liqueurs et boissons diverses ; eaux minérales et eaux gazeuses ; confiserie et pâtisserie ; légumes frais ; charcuterie ; glace (en été) ;
2° Un bazar, renfermant un rayon européen, un rayon plus spécialement destiné à la clientèle israélite et un rayon indigène marocain (meubles, pendules, glaces, phonographes, horlogerie, tapisserie). Ce bazar fournirait à des prix raisonnables : articles de ménage, mobilier, cristallerie, tissus, mercerie, papeterie, vêtements de confection pour hommes, femmes et enfants ; articles de sport et photographie ; articles orientaux et curiosités indigènes ; bijouterie et horlogerie ; lingerie et bonneterie ; chaussures ; miroiterie ; ar-

ticles de toilette et de parfumerie ; sellerie et harnachement ; articles de voyage et de campement ; machines à écrire et accessoires ; instruments de musique et pianos. Il comporterait en outre un atelier de cordonnerie ; un atelier de modes et couture pour dames ; un tailleur pour hommes. L'assortiment de cette maison serait varié et les clients qui tiennent à la bonne qualité sauraient l'y trouver ;

3° Une quincaillerie, bien placée, d'accès facile, très bien achalandée, moins pour la construction que pour les articles de ménage (européens, israélites et indigènes) et les articles suivants : outils divers, clouterie, couleurs et vernis en boîtes, coutellerie, lampisterie et poêles à pétrole, fournitures pour éclairage électrique et sonneries, ferblanterie, fournitures pour écurie, machines à coudre, literie de fer et de cuivre, etc...

Un dépôt annexe, situé par exemple dans un quartier voisin du port comporterait le gros matériel de construction : tuyautage ; charpentes en fer ; bois de construction et de menuiserie ; matériel d'entrepreneurs, ferronnerie, fourneaux ; grilles en fer ; machines susceptibles d'écoulement (aéromoteurs, norias, pompe) ; papiers peints ; robinetterie ; serrurerie, toiles métalliques, tôlerie, etc...

Un atelier de forge, plomberie-serrurerie-mécanique pourrait être annexé à cet entrepôt extérieur ;

4° Un magasin de chaussures élégantes et bon marché (genre « Incroyable »).

C) Casablanca et Chaouïa

31.710 habitants dont 20.000 musulmans, 6.000 israélites et 5.710 Européens ; port et province occupés par les troupes françaises.

Localités occupées (1) :

CASABLANCA.	Ben-Ahmed.	Fedhala.
Ber-Rechid.	Boucheron.	Sidi-Ali (en face d'Azemmour)
Settat.	Boulhaut.	Dar-Ould-Chafaï.

I° COMMERCE DE GROS ET DE DEMI-GROS

a) Marchandises d'importation pour les indigènes

MARCHANDISES	ORIGINE	QUANTITÉS IMPORTÉES EN 1909	
		En tonnes	En francs
Sucre	France (et Belgique) .	11.973	5.150.000
Tissus de coton blancs.	Angleterre	487	1.760.000
Thé	Angleterre (et France)	593	1.200.000

(1) Seuls les points importants pour la colonisation sont indiqués.

MARCHANDISES	ORIGINE	QUANTITÉS IMPORTÉES EN 1909	
		En tonnes	En francs
Tissus de coton imprimés	Angleterre (et France).	185	560.000
Tissus de coton . . .	Angleterre	175	370.000
Vins.	France, Espagne . . .	18.291 lect.	365.000
Bougies	Angleterre (et France).	398	360.000
Huile de coton. . . .	France, Angleterre . .	310	265.000
Bois communs. . . .	France, Angleterre, Etats-Unis, Suéde. .	2.215	255.000
Tissus de coton teints	Angleterre (et France).	54	250.000
Tissus de soie	France	8	185.000
Alcools, eaux-de-vie	France, Angleterre, Espagne, Belgique. .	3.147 lect.	175.000
Houille	Angleterre (et France).	2.609 t.	112.000
Sacs et toiles d'emballage	France, Angleterre, Allemagne	252	100.000
Draperies.	Angleterre (et Allemagne, France). . . .	16	95.000

b) Commerce d'exportation

MARCHANDISES	DESTINATION	QUANTITÉS EXPORTÉES EN 1909	
		En tonnes	En francs
Orge.	Angleterre (et Allemagne)	42.240	4.386.000
Peaux de chèvres . .	France, Angleterre, Etats-Unis.	800	1.305.000
Blé.	France, Angleterre . .	7.170	1.195.000
Laine en suint	France, Allemagne . .	1.046	1.038.000
Fenugrec	France, Angleterre, Allemagne	5.629	925.000
Peaux de moutons .	France, Allemagne . .	800	670.000
Graines de lin	France, Angleterre, Allemagne.	2.118	630.000
Œufs de volaille. . .	Angleterre, Espagne. .	411	430.000
Graines de coriandre	France, Angleterre . .	1.013	200.000
Peaux de bœufs. . .	France, Italie	129	190.000
Fèves	France, Espagne. . . .	1.305	179.300

2° COMMERCE DE DEMI-GROS ET DÉTAIL

a) Articles d'importation pour indigènes et produits du pays

(Mêmes observations que pour les autres ports marocains. Voir page 60, ligne 6).

b) Articles d'importation pour Européens et Israélites européanisés

(Mêmes observations que pour Tanger, page 62).

§ 2. — Maroc oriental et région algéro-marocaine

Régions occupées et pacifiées par les troupes françaises

1° AMALAT D'OUDJDA-NORD

Ville d'Oudjda (Localité algérienne voisine : Lalla-Marnia et station de chemin de fer).
Localités des Beni-Snassen : Martimprey, Berkane, Aïn-Sfa, Aïn-Taforalt.
Sur le bord de la mer : Saïdia (Localité algérienne voisine : Port-Say.
Route de Taza : El-Aïoun et Taourirt.

2° AMALAT D'OUDJDA-SUD OU DAHRA

Centre de colonisation : Berguent.
Centre commercial : Debdou.
(Localités algériennes les plus voisines : Marnia (par Oudjda). — El-Aricha et Bedeau (station de chemin de fer).

3° SUD ET EXTRÊME-SUD

Figuig, Haut-Guir

Localités algériennes : Beni-Ounif ; Colomb-Béchar.
Localités marocaines : Bou-Anan, Bou-Denib (occupées). — Figuig, Aïn-Chaïr, Toulal (non occupées).

A) Importation

a) Commerce d'importation pour les indigènes

ARTICLES	En francs
Sucres	2.241.000
Vêtements et lingerie	1.396.000
Tissus de coton	1.248.000
Thé	1.102.000
Tabacs fabriqués	777.000
Farines et semoules	718.000
Vins	321.000
Café	292.000
Allumettes	206.000
Riz, légumes secs, etc	205.000
Son et fourrages	202.000
Chaussures	165.000
Bougies	141.000
Autres articles	2.822.000

REMARQUES. — Le commerce d'importation en gros, demi-gros et détail est pratiqué par des indigènes musulmans (marocains ou algériens) et par des israélites pour la plupart. Sentiers très battus. Concurrence difficile.

b) Commerce d'importation pour les Européens

A l'usage des colons et des militaires dans le Nord.
A l'usage à peu près exclusif des militaires dans le Sud.

REMARQUES. — Pratiqué par quelques commerçants-débitants français, espagnols et israélites-algériens. Peu de places à prendre.

B) Commerce d'exportation

PRODUITS	ORIGINES	LIEUX DE TRANSIT ET MARCHÉS	DESTINATION	VALEUR EN FRANCS
Moutons	Dahra (Hte-Moulouïa)	Berguent	Oranie .	3.459.000
Bœufs	Trouée de Taza (région de Fez) . . .	Taza, Moulouïa, Oudjda, Marnia.	Oranie .	1.144.000
Laines	Trouée de Taza (région de Fez) . . .	Taza, Moulouïa, Oudjda, Marnia .	Oranie et France .	598.000

PRODUITS	ORIGINES	LIEUX DE TRANSIT ET MARCHÉS	DESTINATION	VALEUR
Peaux et pelleteries	Tafilalet et Haut-Guir	Colomb-Béchar . .	Oranie et France.	536.000
Peaux brutes . .	Amalat d'Oudjda et Haut-Guir	Oudjda-Marnia. — Colomb-Béchar. .	France .	495.000
Vêtements et lingerie	Fez	Oudjda	Algérie .	382.000
Céréales. . . .	Amalat d'Oudjda .	Oudjda-Port Say .	Oran . .	230.000
Fruits	Beni-Snassen. — Tafilelt (dattes) .	Oudjda, Marnia. — Colomb-Béchar. .	Oranie et Angleterre. . (Dattes)	121.000

REMARQUE. — Les exportations sont pratiquées par des maisons françaises et indigènes de Marnia, Oudjda, Colomb-Béchar, Beni-Ounif, Bou-Denib.

INDICATIONS. — *Il y aurait, paraît-il, quelques places intéressantes à prendre dans ce commerce d'exportations qui ne peut que se développer. Capitaux assez importants nécessaires.*

---

§ 3. — Possessions espagnoles

1° Présides de Ceuta, Alhucémas, Peñon de Velez et Zaffarines ;
2° Melilla et son hinterland occupé.
(*Localités :* Nador, Selouan, Cap de l'Eau).

A) Importations-

a) Commerce de gros

Entre les mains de maisons espagnoles, françaises et israélites (Melilla), espagnoles et israélites ailleurs.

b) Commerce de détail

a) Articles pour indigènes : Boutiquiers marocains (musulmans et israélites).
b) Articles pour Européens : Boutiquiers espagnols presque exclusivement.

INDICATIONS. — *On assure que quelques maisons d'importation de gros trouveraient encore leur place à Melilla et à Ceuta (en combinaison, si possible, avec des commerçants espagnols ou israélites hispanisés). Remarquer que les deux tiers des importations proviennent de Marseille ou d'Oran.*

B) Exportations

Ne sont intéressantes que par Melilla. Vont en majeure partie sur Malaga et sur Marseille. Pratiquées par des maisons israélites (algériennes ou marocaines hispanisées).

INDICATIONS. — *Quelques nouvelles maisons de gros établies sur la place de Melilla pourraient également s'occuper d'exportations.*
(Pour les chiffres statistiques, voir page 32).

---

§ 4. — Statistique du mouvement de la navigation dans les huit ports marocains en 1909

PAVILLONS	NOMBRE DE NAVIRES	TONNAGE
France	799	876.202
Angleterre	1.138	753.770
Allemagne	333	436.426
Hollande	105	260.808
Espagne	900	254.027
Italie	130	108.461
Amérique	5	31.169
Autriche	21	21.188
Danemark	27	9.510
Norwége	15	8.631
Portugal	41	2.897
Russie	2	330
Maroc	4	16

CHAPITRE VI

L'EXPLOITATION ÉCONOMIQUE

I. — Agriculture

A) MAROC OCCIDENTAL (Tanger et la Chaouia exceptés) (1)

§ 1. — Agriculture et élevage par association avec les indigènes

PROVINCES AGRICOLES	Localités à habiter pour surveiller ses intérêts	MODALITÉS PRATIQUÉES
Province de Tétouan (vallée du Martil, Haouz, Ouadras)	Tétouan	Cultures maraîchères, jardins, primeurs, chevaux et mulets.
Rarbya, Sahel	Arzila	Cultures maraîchères, jardins.
Vallée du Loukkos, Rarb occidental	Larache	Grandes cultures: céréales, etc., élevage des bœufs et moutons.
Beni-Hassen, Zemmour, Zaër	Méhédya, Rabat.	Elevage des bœufs, exploitations forestières, cultures de graines d'exportation (lin, alpiste, etc., etc.)
Nord de la Doukkala.....	Azemmour	Grandes cultures et élevage.
Doukkala en général.....	Mazagan	
Abda	Saffi	Céréales, moutons.
Haha et Sous...........	Mogador	Arboriculture; cultures diverses.
Rarb en général	El-Ksar	Grandes cultures.
Vallées du Sebou, de l'Ouerra et de l'Innaouën (Cheraga, Cherarda)	Fez.............	Elevage des bœufs et des moutons. Céréales.
Haouz de Marrakech.....	Marrakech	Céréales, moutons.

(1) Pour Tanger et la Chaouia, voir page 72.

§ 2. — Censaux et associés agricoles

On peut faire diverses opérations dans les régions agricoles, par l'intermédiaires des *censaux* (1). Le censal employé en tant qu'agent agricole s'occupe de vente et d'achats de produits agricoles, d'avances sur récoltes, et en général de toutes opérations ayant pour but un commerce agricole proprement dit ; il peut également servir d'intermédiaire pour l'achat de terres de cultures. Les conditions à remplir, pour avoir un censal à sa disposition, sont indiquées plus haut (1).

Le *mokhalat* ou « associé agricole » est un cultivateur auquel on confie soit un troupeau de bestiaux à faire valoir, soit des semences dont il devra justifier à la récolte prochaine. Le plus souvent, l'avance du commanditaire européen se fait en espèces. Un contrat passé devant *adoul* (notaires indigènes) enregistre la nature des opérations auxquelles comptent se livrer les deux associés. Les clauses de ces contrats sont très variables, suivant l'importance de la combinaison intervenue, suivant l'apport de l'Européen, suivant ses risques. Généralement, les deux associés doivent partager de moitié les bénéfices réalisés. C'est ensuite à l'Européen à se tenir très au courant des opérations de son *mokhalat*, à conserver le contact avec lui et de ne pas le perdre de vue. Le *mokhalat* reste soumis, en principe, à l'autorité marocaine. Néanmoins, étant donné qu'il a entre ses mains des intérêts européens, il est considéré comme une sorte d'employé agricole ou de métayer, et si le maghzen veut le poursuivre, soit pour le non paiement de l'impôt, soit pour toute autre cause, il doit en référer à l'autorité consulaire dont ressortit l'européen associé au *mokhalat*.

Quand on entre en affaires avec un *mokhalat*, il y a lieu d'adresser une demande de patente d' « associé agricole » au Consulat de la localité où on réside.

REMARQUES. — L'association agricole entre Européens et indigènes comporte deux modalités différentes :

(1) Voir page 50.

a) L'Européen est un simple commanditaire qui mène une vie sédentaire et qui n'essaie point d'aller se rendre compte de la situation réelle de ses associés. Il joue un rôle de banquier agricole, et souvent trafique de la protection. Ce mode de procédé dit « vieux marocain » ne peut que disparaître au fur et à mesure de la pacification du Maroc. Il est à déconseiller à tous points de vue.

b) L'Européen passe des contrats réels avec ses associés indigènes ; il circule dans le pays, va sur les marchés avec ses associés, surveille ces derniers et leur donne l'impression qu'il se tient au courant de ce qu'ils deviennent.

§ 3. — Contrats d'association agricole

Le mode d'association le plus courant pour l'élevage consiste soit à confier à l'associé indigène une somme d'argent qui doit être immédiatement réalisée en bétail, soit à acheter en sa présence un premier troupeau. Ce bétail lui est confié, il doit s'en occuper pendant une période fixée par contrat — et qui est généralement de cinq ans.

Si l'indigène n'a fait personnellement aucun apport, il est ordinairement convenu que l'Européen commanditaire aura droit aux 4/5 des bénéfices nets, l'éleveur indigène conservant le cinquième pour lui. En cas d'apport de bétail par l'indigène, le contrat d'association se fait sur d'autres bases, — ces bases sont très variables selon les risques et l'apport de chacun.

Avant de passer un acte d'association, l'Européen devra procéder à une enquête personnelle sur la valeur matérielle et morale de son « client », se rendre compte si sa réputation d'agriculteur ou de commerçant est suffisamment honorable dans sa tribu pour garantir les chances d'une affaire d'élevage en commun.

On ne saurait trop recommander à l'Européen de se renseigner sur les coutumes locales ; de se mettre au courant des habitudes et des traditions indigènes ; de s'aboucher si possible avec le *Cheikh el Kassaba* du douar où réside son associé (ce *cheikh* est un agent local chargé de faire appliquer les us et coutumes en matière agricole); de bien vérifier enfin la teneur de l'acte passé devant les *adoul* qui précise les droits et les devoirs de chacun.

L'Européen doit être assez ferme et sûr de lui-même pour ne pas s'en laisser conter par son mandataire ; mais il ne doit pas oublier que pour réussir avec les indigènes, sa conduite commerciale doit être loyale et ne jamais prêter à des commentaires désobligeants.

L'association pou la *culture* proprement dite a lieu dans des conditions identiques. L'Européen avance des fonds à l'indigène qui doit immédiatement acheter des semences, louer ou acheter des bœufs de labour et labourer sur ses terres, — ou sur des terres louées, — la superficie prévue par le contrat.

Au moment de la récolte, l'indigène devra apporter à l'Européen, en espèces ou en nature (suivant les engagements pris) la part de bénéfice ou de grains qui lui revient. Généralement, l'Européen et son associé indigène partagent à égalité le résultat de la récolte. Lorsqu'un contrat est ainsi passé entre un Européen et un indigène, il devient un acte d'association *régulier*, à condition que le consul du ressortissant européen ait agréé l'indigène comme associé agricole inscrit dans son consulat. Les réclamations des ressortissants européens contre leurs associés n'ont de valeur qu'autant que leurs contrats ont été passés dans les règles.

Suivant les évaluations faites par des Européens dignes de foi, ces opérations d'élevage et de culture en association peuvent rapporter en moyenne de 15 à 25 0.0 suivant la région et suivant l'année.

B) TANGER

Région qui en dépend immédiatement : le Fahç; l'Andjera; les Beni-Mçaouer; la Rarbya (Arzila).

Systèmes pratiqués : l'Association agricole (voir plus haut); quelques cultures directes (jardinage) autour de Tanger (par des Français et des Espagnols).

INDICATIONS. — *On est unanime à reconnaître que si de petits domaines européens (de 100 à 200 hectares) pouvaient se constituer dans la banlieue de Tanger, ils ne tarderaient pas à acquérir une grande valeur à cause de leur proximité de la capitale diplomatique du Maroc.*

On préconiserait, dans une exploitation de ce genre :

a) Laiterie, culture maraîchère,
b) Fourrages et luzernes;
c) Élevage de chevaux, mulets et ânes;
d) Volailles et œufs;

e) Approvisionnement du marché aux bestiaux de Tanger par des bœufs et des moutons qui, amenés maigres du Rarb, seraient engraissés sur ce domaine.

C) CHAOUIA (1)

REMARQUES. — Malgré les obstacles d'ordres divers qui s'opposent en principe aux achats de terre, les Européens achètent de grandes étendues de terres dans la Chaouia, avec l'intention, soit de les revendre, soit de les cultiver directement, soit de les louer à des métayers indigènes. Le système d'association agricole continue à être pratiqué dans la Chaouia comme dans les autres provinces. Grâce à une parfaite sécurité, les associés agricoles peuvent être surveillés de très près. On peut du reste étendre les associations agricoles au delà de la Chaouia (en territoire Zaër, Tadla, Beni-Meskine, Serarna, Rehamna).

INDICATIONS. — *Il semble que le système de l'association agricole ait une tendance à être remplacé, soit par un métayage combiné entre Européens et indigènes, soit par des cultures directes sur des terres achetées et exploitées par des colons européens.*

Des exploitations directes se créent peu à peu (étant donnée la parfaite sécurité du pays), pour pratiquer soit la culture des céréales, soit l'élevage, soit les deux à la fois.

(1) Voir aussi page 18.

On pourrait arriver à créer dans la Chaouia, à certaines conditions, des domaines agricoles de 700 à 1.000 hectares, qui constitueraient des noyaux déjà importants d'une organisation susceptible de recevoir plus tard une vaste extension.

Je dis, « à certaines conditions », c'est-à-dire en utilisant des agents suffisamment rompus aux mœurs et coutumes du pays pour n'avoir à rencontrer que le minimum de difficultés lorsqu'il s'agirait d'acquérir des terres aux indigènes. Ces sortes d'acquisitions ne sont pas accessibles au premier venu. Elles ne sont cependant pas impossibles. Ceux qui seront chargés de ces opérations sauront arriver à leurs fins grâce à une parfaite connaissance du pays, des habitants, de la langue.

La constitution d'un domaine important permettra de réaliser ce qui ne l'a jamais été jusqu'ici au Maroc: l'exploitation directe. Le domaine sera réparti en terres labourables et terres d'élevage. Les terres labourables seront travaillées par des ouvriers agricoles indigènes, qui recevront un salaire et devront être *intéressés aux bénéfices*.

Sur les terres d'élevage, on placera des troupeaux de bœufs et de moutons surveillés par des bergers salariés, également intéressés aux bénéfices. Les produits agricoles (céréales et graines diverses, laines et peaux), seront vendus à des courtiers ou à des entrepositaires de Rabat ou de Casablanca. Les bœufs seront, soit exportés par mer sur Tanger ou l'Oranie, soit l'objet de spéculations sur les marchés de la Chaouia. Les moutons trouveront facilement à s'écouler dans un rayon compris entre Mazagan et Rabat. En outre de l'exploitation *directe*, il sera très facile de se livrer au système de *l'association agricole* avec les indigènes fixés non seulement dans la Chaouia, mais encore au delà (dans la Doukkala, les Beni-Meskine, le Tadla, le Zaër, le Zemmour), avec ce gros avantage que l'on pourra, presque partout, aller se rendre compte *de visu* et sur place de la situation des récoltes et des troupeaux, et surtout que l'on pourra entreposer *chez soi*, en pleine Chaouia, des céréales, des bœufs, des moutons, amenés par les associés.

Le domaine constituera une sorte de centre d'attraction où il sera aisé de conserver, en toute sécurité et avec un minimum de frais, des bestiaux, des grains, en attendant une hausse ou une amélioration des cours.

L'établissement d'un grand domaine agricole dans la Chaouia apparaît donc comme une affaire intéressante et réalisable.

La première étape, qui consisterait à créer une exploitation de 700 à 1.000 hectares, pourrait s'effectuer sur la base d'un capital de 100.000 francs ainsi répartis :

Achat des terres......................	60.000 francs.
Premiers bâtiments...................	15.000 —
Mise en exploitation.................	15.000 —
Réserve	10.000 —
TOTAL............	100.000 francs (1).

(1) Ces chiffres sont basés sur des informations recueillies en Chaouia. Consulter du même auteur: *Situation économique du Maroc, 1908-1909*. Pages 161 à 164.

D) MAROC ORIENTAL ET RÉGION ALGÉRO-MAROCAINE

RÉGIONS	CENTRES HABITABLES	PROVINCE	SYSTÈME PRATICABLE	PRODUITS
Plaines de Tazegraret et des Triffa	Saïdia (Maroc) ou Port-Say (Centre algérien)........ Martimprey....... Berkane........... Cheràa...........	Oudjda..	Culture directe Métayage.....	Céréales Elevage
Plaine des Angad	Marnia (Centre algérien).......... Oudjda .... Aïn-Sfa .... Aïn Taforalt ...... El-Aïoun-Sidi-Mellouk............ Taourirt.........	Oudjda..	Métayage et culture directe ..	Céréales Elevage
Région des Beni-Mathar........	Berguent.	Dahra...	Culture directe Métayage....	Céréales Elevage
Dahra et Beni-Guil	Berguent. .... Forthassa-Gharbya	Dahra...	Association avec les indigènes.	Elevage des moutons

REMARQUES. — Des achats importants de terres ont été faits ces derniers temps par des colons algériens dans les plaines de Tazegraret et des Triffa (dont le débouché naturel est actuellement Saïdia-Port Say).

Des villages comme Berkane et Martimprey sont prospères. Il s'agit de véritable petite et moyenne colonisation qui fertilise des régions restées ingrates jusqu'alors.

INDICATIONS. — *La culture directe ou par métayage dans les plaines de Tazegraret et des Triffa ne peut que donner de bons résultats, à cause du voisinage de la mer.*

Dans la plaine des Angad et autour de Berguent les difficultés de communications nuisent davantage à l'expansion de la colonisation. Cependant, des routes empierrées permettront peu à peu de mettre en valeur les régions des Angad et des Méhaia restées incultes jusqu'à cette époque.

Autour de Berguent, il y a des terres très fertiles et très bien arrosées par l'Oued Charef. Ce centre prendra un développement intéressant dès qu'il sera relié au littoral par une bonne route empierrée (via Oudjda).

Les régions situées plus au sud ne sont intéressantes qu'au point de vue des « campagnes de moutons ».

E) PRINCIPAUX PRODUITS DU MAROC (1)

Bestiaux

Bœufs *(surtout dans les plaines de l'Atlantique).* — Moutons *(ne s'exportent que par la frontière algérienne).*

Autres animaux

Chevaux, chameaux, mulets, ânes *(ne peuvent sortir que par la frontière de terre).* — Volailles.

Produits et dépouilles d'animaux

Boyaux frais, boyaux secs, cire brute, crins et poils, œufs de volailles, peaux de bœufs, laines (en suint et lavée).

Céréales

(SURTOUT DANS LES PLAINES DE L'ATLANTIQUE)

Blé, orge, maïs, alpiste, sorgho.

Graines diverses

(DANS TOUTES LES PLAINES DE L'ATLANTIQUE)

Graines de lin, pois-chiches, lentilles, fèves, cumin, fenugrec, coriandre, carvi.

Arbres fruitiers

Oliviers *(Djebala, Rif, Sous).* — Orangers, mandariniers, citronniers *(Larache, Tétouan, Beni-Snassen).* — Figuiers *(un peu partout).* — Amandiers *(Haut-Atlas).* — Dattiers *(Extrême-Sud).* — Arganiers *(Sous)* (2).

Plantes industrielles

Arbustes résineux, fassoukh et gommes *(Atlas et Sous).* — Tabac *(Djebala et Rif).* — Palmier nain *(région de Tétouan, Rabat et nord de la Chaouïa).* — Sarghine *(Djebala).* — Chanvre à fumer *(Djebala).* — Feuilles de roses *(Haut-Atlas).* — Alfa *(Est, Sud-Est marocain, régions algéro-marocaines).* — Takaout *(Tafilalet)* (3).

Forêts

Chênes-lièges *(Nord de la Chaouïa, régions de Rabat et de Larache).* — Chênes verts *(Tétouan, Larache, Rabat).* — Arâr et thuya *(Rif).* Les seules forêts de chênes-lièges intéressantes et susceptibles d'une petite exploitation après entente entre un commanditaire européen et les indigènes du pays se trouvent dans la province de Tétouan, dans celle de Larache et surtout autour de Rabat (forêt de Mâmora ; forêt des Zaërs, au nord de la Chaouïa).

---

(1) Voir les exportations du Maroc pages 58, 61, 64, 66.
(2) L'exportation par mer de l'huile d'argan est interdite.
(3) Tannin.

Plantes médicinales

La plupart de celles que l'on rencontre en général en Algérie et en Tunisie.

F) LA PROPRIÉTÉ FONCIÈRE (1)

a) Achats urbains dans les ports et autour des ports. (Dans une zone de 10 kilomètres environ.)

Les facilités d'achats varient selon les villes maritimes. A Tanger, ces acquisitions ne rencontrent pour ainsi dire pas d'obstacles administratifs. Il n'en est pas de même partout. L'acquisition à un Européen est beaucoup plus simple et moins fertile en méprises que les pourparlers d'achats avec un indigène.

Il y a lieu d'être très circonspect sur la valeur des titres de propriété présentés et de faire une enquête sérieuse sur les origines de la propriété de l'immeuble proposé.

L'acquisition directe des terres indigènes par les Européens est autorisée en principe; elle s'effectue suivant certaines formalités (approbation du pacha; bornage du terrain en présence des *adoul* ou notaires arabes; acte passé devant les *adoul*; légalisation du Cadi).

b) Achat de terres agricoles en Blad-Maghzen (2)

Dans les provinces non occupées, ces opérations sont délicates, laborieuses et hasardeuses. Elles ne peuvent s'effectuer directement sans l'autorisation du Sultan, qui n'est du reste jamais accordée. Aussi les quelques Européens qui ont essayé d'acquérir des domaines agricoles dans le Rarb, autour de Safﬁ et de Mazagan, emploient-ils des courtiers indigènes ou censaux (en arabe *semsar*) (3). Ces courtiers, munis d'un mandat spécial, achètent des terres pour leur compte et les revendent à leurs mandants devant le Consulat de ces mandants.

---

(1) Consulter du même auteur *La Situation économique du Maroc, 1903-1909*, pages 172 à 181.

(2) En ce qui concerne la Chaouïa et l'àmalat d'Oudjda, voir pages 18 et 21.

(3) Voir page 50.

Les contestations relatives à la propriété immobilière sont toujours portées devant le *Cheràa* (tribunal du Cadi).

II. — Industrie

A) MAROC OCCIDENTAL (Moins Tanger et Casablanca)

Il y a des petits moulins à moteur, des fabriques de savon et des fabriques d'eaux gazeuses dans la plupart des localités du Blad-Maghzen.

INDICATIONS (1). — *On préconise l'installation :*
a) *D'un petit moulin à moteur à Rabat, Mazagan, Saffi, Azemmour;*
b) *De moulins à huile à Tétouan, Rabat, Mogador et Fez ;*
c) *De fabriques d'eaux gazeuses à Tétouan, Rabat, Fez ;*
d) *De fabriques de savon à Tétouan, Rabat, Fez ;*
e) *D'une tannerie à Tétouan, Rabat, Mogador.*

REMARQUES. — Ces questions d'installations industrielles étant très délicates méritent une enquête approfondie sur place de la part des intéressés.

B) TANGER

Industries existantes : Scieries mécaniques; briquetteries; fabrique de savon mou; fabriques d'eaux gazeuses; grande minoterie (française) et fabrique de pâtes; moyens et petits moulins à moteur; petite tannerie; éclairage électrique (usine espagnole); réseau téléphonique (industrie privée espagnole); sardinerie; imprimeries; fabrique de tabacs (monopole); entreprises de constructions.

INDICATIONS. — *On préconise comme susceptibles de réussir* (1) :
a) *Une scierie mécanique ;*
b) *Une fabrique d'eaux gazeuses avec distillerie, laboratoire de liquoriste et fabrique de glace ;*
c) *Un nouveau réseau d'éclairage électrique ;*
d) *Une entreprise privée de constructions. Édification de maisons et de villas de rapport ;*
e) *Une horlogerie-bijouterie ;*
f) *Un restaurant français pour clientèle bourgeoise ;*

(1) Indications données sous réserves et supposant que tout intéressé étudiera de très près la situation avant de s'installer.

g) Un atelier de photographie avec outillage et travaux pour amateurs ;

h) Un bon atelier de couture et de modes ;

i) Un établissement de bains et hydrothérapie.

Mêmes remarques qu'à la fin du paragraphe ci-dessus.

C) CASABLANCA ET CHAOUIA

INDUSTRIES EUROPÉENNES EXISTANTES

A Casablanca : trois minoteries; une scierie mécanique; une fabrique de glace; deux moulins moyens; une imprimerie; trois entreprises de constructions; une fabrique d'eaux gazeuses.

A Settat : un petit moulin.

INDICATIONS. — *Comme susceptibles de réussir, on préconise :*

a) Une fabrique de tapis (avec main d'œuvre indigène) ;

b) Une fabrique d'eaux gazeuses, liqueurs, glace, avec distillerie ;

c) Un réseau d'éclairage électrique ;

d) Un réseau téléphonique en ville ;

e) Entreprises de constructions (maisons de rapport) ;

f) Une entreprise de transports en Chaouia (sur Rabat et Marrakech) ;

g) Une fabrique de conserves de poissons ;

h) Une fabrique de crin végétal ;

i) Une usine pour broyer les écorces à tan (frontière des Zaërs).

Mêmes remarques qu'à la fin des deux paragraphes ci-dessus.

D) MAROC ORIENTAL ET FRONTIÈRE ALGÉRO-MAROCAINE

INDUSTRIES EXISTANTES

Petits moulins à Oudjda, Berkane et El-Aïoun. Fabriques de crin végétal près de Port-Say et Martimprey (en territoire algérien).

INDICATIONS. — *On préconise l'installation, près du centre maritime algéro-marocain de Port Say-Saïdia de :*

a) Une usine de conserves de poissons ;

b) Une fabrique de savon mou pour indigènes ;

c) Un petit moulin à moteur ;

d) Une laverie de laines ;

e) Une petite huilerie.

On conseillerait pour Oudjda :

a) Une petite fabrique d'eaux gazeuses et glace, avec laboratoire de liquoriste et distillerie;

b) Une petite tannerie et laverie de laines ;
c) Un atelier de scierie, ébénisterie, forge, serrurerie et mécanique ;
d) Une entreprise de constructions (Édification de villas, maisons et magasins de rapport (1) ;
e) Une huilerie.

E) POSSESSIONS ESPAGNOLES

INDUSTRIES EXISTANTES

Installations pour le séchage du poisson à Melilla et Ceuta ;
Fabriques d'eaux gazeuses à Melilla et Ceuta ;
Briquetteries ;
Éclairage électrique ;
Imprimeries.

INDICATIONS. — *Les non-espagnols doivent s'attendre à des tracasseries de la part de l'Administration espagnole à Ceuta et à Melilla.*

On préconise : a) L'installation d'usines perfectionnées de conserves de poissons ;

b) Une entreprise de constructions (petites maisons et villas de rapport) à Melilla ;

c) Une petite minoterie à Melilla.

III. — Pêches

A) COTE ATLANTIQUE (de Tanger au cap Bojador)

Ports d'attache : Tanger, Larache, Rabat, Casablanca, Mazagan, Saffi et Mogador.

Côte poissonneuse, fréquentée par de nombreux chalutiers espagnols de Cadix (Larache) et par quelques chalutiers français (Mogador).

B) COTE MÉDITERRANÉENNE (de Port-Say à Tanger)

Ports d'attache et abris : Port-Say, *Melilla, Alhucémas* (Rade d'Ajdir), *Peñon de Velez* (Rade de Badès) ; Tétouan, *Ceuta* et Tanger.

Côte également poissonneuse, fréquentée à peu près exclusivement par des barques de pêche rifaines et espagnoles (et de temps à autre par quelques pêcheurs italiens).

INDICATIONS. — *De grandes entreprises de pêche pourraient être organisées sur ces côtes et, grâce à des bateaux-viviers, alimenteraient les ports algériens, les ports espagnols et français de la Méditerranée. La question mérite d'être étudiée d'une façon très approfondie.*

(1) Se référer aux remarques placées à la fin des trois paragraphes précédents.

IV. — Mines

1° BLAD-MAGHZEN (Maroc occidental)

Jusqu'ici, des prospections privées assez nombreuses ont été faites.

Une loi minière, qui doit recevoir l'approbation du Sultan et du Corps Diplomatique, est à l'étude.

Une grosse entreprise internationale, « L'Union des Mines Marocaines » (siège social à Paris, 57, rue de Châteaudun ; bureaux à Tanger et à Mogador) poursuit des recherches minières avec des équipes de prospecteurs.

Régions renommées au point de vue des gisements miniers : Province de Tétouan, Rif, Sous, Haut-Atlas.

2° MAROC ORIENTAL (région algéro-marocaine)

Recherches faites dans les Beni-Snassen et au sud d'Oudjda par diverses Sociétés (*La Mokta-el-Hadid, la Société d'exploration, la Royale Asturienne* notamment).

3° POSSESSIONS ESPAGNOLES

A 30 kilomètres au sud-est de Melilla, les mines de Beni-bou-Ifrouh (Djebel-Iouksen).

Une compagnie espagnole, « Las Minas del Rif », et une société franco-espagnole, « Norte-Africano », visent l'exploitation de ces mines. La seconde paraît être la plus sérieuse. Elle poursuit la construction d'une voie ferrée de Melilla jusqu'aux gisements miniers. Un premier tronçon (jusqu'à Nador) a été ouvert à la circulation. (S'adresser à l'ingénieur en chef du Norte-Africano, à Melilla, ou au directeur, M. Massenet, à Paris.)

V. — Travaux publics

A) A TANGER ET DANS LES 6 AUTRES PORTS OUVERTS

1° Travaux de la « Caisse Spéciale ». Pour une période de six années, six millions de travaux sont prévus dans les huit ports ouverts au Maroc (1). S'adresser, pour tous renseignements, à M. Porché, ingénieur en chef des travaux publics, ou à M. Ali Zaky, président du Comité des travaux de la Caisse Spéciale.

(1) Pour la répartition voir *Indicateur Marocain*, n° 21. (Revue mensuelle d'études économiques publiée à Tanger.)

2° Grands travaux (en dehors de ceux de la Caisse Spéciale). On achève actuellement le wharf de Saffi. On prévoit un grand port à Tanger, un grand port de commerce à Casablanca (travaux commencés) et des travaux importants s'exécutent à Larache (concédés à une Société allemande). Les travaux du grand port de Tanger commenceraient, dit-on, en 1912.

B) A CASABLANCA ET DANS LA CHAOUIA

a) Continuation et achèvement du port de Casablanca. Travaux concédés à la Compagnie marocaine (œuvre de longue haleine).

b) Travaux de voirie effectués en ville sur les recettes municipales. (S'adresser au capitaine d'état-major préposé aux services municipaux.)

c) Travaux d'amélioration économique (routes, ponts, etc.), à exécuter en Chaouia sur une partie des recettes annuelles des impôts. (S'adresser au Consulat de France ou à l'Etat-major du corps de débarquement.)

d) Travaux d'amélioration dans la banlieue à exécuter sur les fonds de la Caisse spéciale. (S'adresser à M. le conducteur des ponts et chaussées, représentant la Direction des travaux publics de Tanger.)

C) MAROC ORIENTAL ET RÉGION ALGÉRO-MAROCAINE

(Amalat d'Oudjda notamment)

a) Travaux de routes déjà commencés pour relier les Beni-Snassen au réseau de routes algériennes.

b) Travaux d'amélioration économique (routes, ponts, etc.), à exécuter dans l'àmalat d'Oudjda, sur une partie des recettes annuelles des impôts.

c) Prévisions pour l'avenir : Prolongement jusqu'à Oudjda et Taourirt de la ligne de chemin de fer Tlemcen-Marnia ; prolongement jusqu'à El-Aricha et Berguent de la ligne Tlélat-Bedeau ; exécution d'un wharf à Port-Say (1).

D) POSSESSIONS ESPAGNOLES

Exécution de travaux publics actuels et projets d'avenir. Les entreprises doivent avoir nécessairement une façade espagnole et les Français doivent s'attendre à de nombreuses tracasseries administratives dans ces régions.

a) A Melilla : Construction active, en ce moment, d'un réseau de routes carrossables reliant Melilla à tous les points de la banlieue occupés lors de la campagne 1909-1910. — Construction plus lente

(1) A signaler, en outre, en territoire algérien : la construction du port de Nemours et du chemin de fer à voie étroite Nemours-Marnia.

d'un grand port (dont le projet est voté depuis longtemps). Une Société minière franco-espagnole (Norte-Africano) poursuit la construction de son chemin de fer jusqu'à Beni-bou-Ifrouh.

b) *A Ceuta*. Construction d'un réseau de routes carrossables dans le camp extérieur (avec amorces dans la direction de Ksar-Es-Sghir et de Tétouan).

Construction d'un grand port de 30.000.000 de pesetas. (Entreprise concédée.)

Etablissement (touchant près de sa fin) d'une voie ferrée de Ceuta à Benzu pour une exploitation de carrières.

Projet d'adduction des eaux de Benzu à Ceuta.

CHAPITRE VII

CONSEILS & RENSEIGNEMENTS DIVERS

A) Climat

Excellent. — Pas d'épidémies graves. — Pas ou peu de malaria.

Côte méditerranéenne. — (De Port-Say à Ceuta). Climat assez doux, rappelant celui du littoral oranais (régions du Dahra et de Mostaganem).

Détroit de Gibraltar et littoral Ouest. — Tanger et Côte de l'Atlantique : climat très tempéré. Sur le littoral, il ne fait jamais *froid* en hiver (minimum 7 à 8°) et jamais *chaud* en été (maximum 27 à 30°). Les plaines de l'intérieur (Rarb, vallée du Sebou, Chaouia, région de Marrakech) sont plus chaudes en été, mais fort saines.

Tanger, grâce à son climat, est un lieu de villégiature par excellence, tant en hiver qu'en été.

La saison des pluies dure d'octobre à mai, avec parfois d'assez longues périodes de beau temps.

La saison *sèche* s'étend de mai à octobre.

Les pluies les plus abondantes favorisent les plaines de l'Atlantique, entre Tanger et Mogador.

B) Budget de l'immigrant

Tout ménage français qui viendra s'installer au Maroc fera bien de pouvoir compter sur 4 à 5.000 francs d'économies (à moins qu'il ne soit assuré d'une situation d'employé ou de fonctionnaire). Celui qui cherchera à s'installer comme commerçant ou petit industriel devra calculer minutieusement à l'avance ses chances de gain avant de se lancer dans une entreprise quelconque. Un « colon » aurait tort de s'occuper d'affaires agricoles s'il n'était déjà muni d'un capital de 20 à 30.000 francs. Il devrait s'obliger, au cours de sa première année d'apprentissage, à ne pas dépenser plus de 6.000 à 8.000 francs.

C'est un mauvais raisonnement que celui qui consiste à compter sur le bénéfice du change. Ce bénéfice est illusoire, car, si 100 francs équivalent à 108 pesetas espagnoles ou à 150 pesetas hassani (monnaie locale), cela n'empêche pas les articles originaires d'Europe de conserver leur valeur en francs, grevée des droits de douane, des frais de transport.... et du change.

Le coût de la vie est plus cher au Maroc qu'en France et en Algérie. Cela est dû au manque d'organisation du pays qui a sa répercussion sur la vie économique.

Les loyers sont coûteux partout, aussi bien à Tanger qu'à Casablanca et dans toutes les villes de la côte. Logements et magasins se louent généralement le double de ce qu'ils se loueraient en France ou en Algérie.

C) Objets à emporter

Nous conseillons d'emporter :

a) Du matériel de campement et de sellerie à ceux qui ont l'intention de voyager dans l'intérieur du pays (1).

b) De la literie (2), de la vaisselle, du linge et des vêtements aux personnes qui veulent se fixer dans une ville quelconque du Maroc.

c) Une provision d'épicerie, d'eaux minérales et de vin de table à ceux qui se rendent ailleurs qu'à Tanger ou Casablanca.

d) Du mobilier léger et démontable se répartissant en colis peu encombrants, à ceux qui ne voudraient pas se contenter du mobilier rudimentaire qu'on se procure sur place avec patience et longueur de temps.

D) Domestiques

A Tanger, à Casablanca et en général dans tous les ports du littoral, il est assez coûteux de se faire servir. Les serviteurs sont, le plus souvent, exigeants et mal dressés.

Il est préférable de s'adresser aux indigènes (hommes) pour faire la cuisine. On arrive à les dresser suffisamment. (Salaire de 50 à 75 pesetas hassani par mois, plus la nourriture). Les Marocains sont aussi valets de chambre, portiers et palefreniers. Pour ce genre de services, le salaire mensuel oscille entre 35 et 60 pesetas. Les femmes marocaines sont d'excellentes femmes de charge (travaux de buanderie, nettoyages). On les paie de 15 à 25 pesetas hassani par mois, sans nourriture.

Les servantes espagnoles et juives rendent parfois des services satisfaisants. Mais elles sont, en général, paresseuses et peu soigneuses.

E) Conseils divers

Connaissance de la langue arabe. — Il est indispensable aux Français qui veulent se fixer au Maroc d'apprendre l'arabe. Aux débu-

---

(1) Le matériel de campement devient de moins en moins utile en Chaouïa et dans l'âmalat d'Oudjda.

(2) Matelas, draps, couvertures, oreillers, édredons.

tants qui n'ont jamais abordé cette langue, nous conseillons, pour commencer, le petit manuel de Machuel, *L'Arabe sans maître* (2 francs, chez Armand Colin, 5, rue de Mézières, Paris), et un manuel intitulé « *Le Français au Maroc* » édité à Tanger par R. Arévalo (1).

Relations avec les indigènes. — Il faut avoir de bonnes relations avec les indigènes et être très juste avec eux. Il ne faut pas brutaliser ceux dont on aurait à se plaindre. S'ils ont commis une faute, l'intervention du caïd ou du pacha sera très suffisante.

Hygiène. — User le moins possible de l'alcool et des boissons fermentées au Maroc. Prendre les précautions que l'on prend dans tous les pays de l'Afrique du Nord pour éviter les fièvres.

Litiges. — En cas de difficulté, litige ou contestation, on pourra recourir aux conseils d'un des avocats français fixés à Tanger ou à Casablanca.

(1) En vente à l'*Imprimerie marocaine,* Tanger.

TABLE DES MATIÈRES

BIBLIOTHÈQUE

CHAPITRE I

Voyages

CHAPITRE II

Aperçu géographique

CHAPITRE III

Organisation du Pays

CHAPITRE IV

Régime économique et social

CHAPITRE V

Commerce

CHAPITRE VI

L'Exploitation économique

I. AGRICULTURE :

    A) Maroc occidental (Tanger et la Chaouïa exceptés) :

CHAPITRE VII

Conseils et Renseignements divers

DIJON, IMP. EUGÈNE JACQUOT

Carte du Maroc

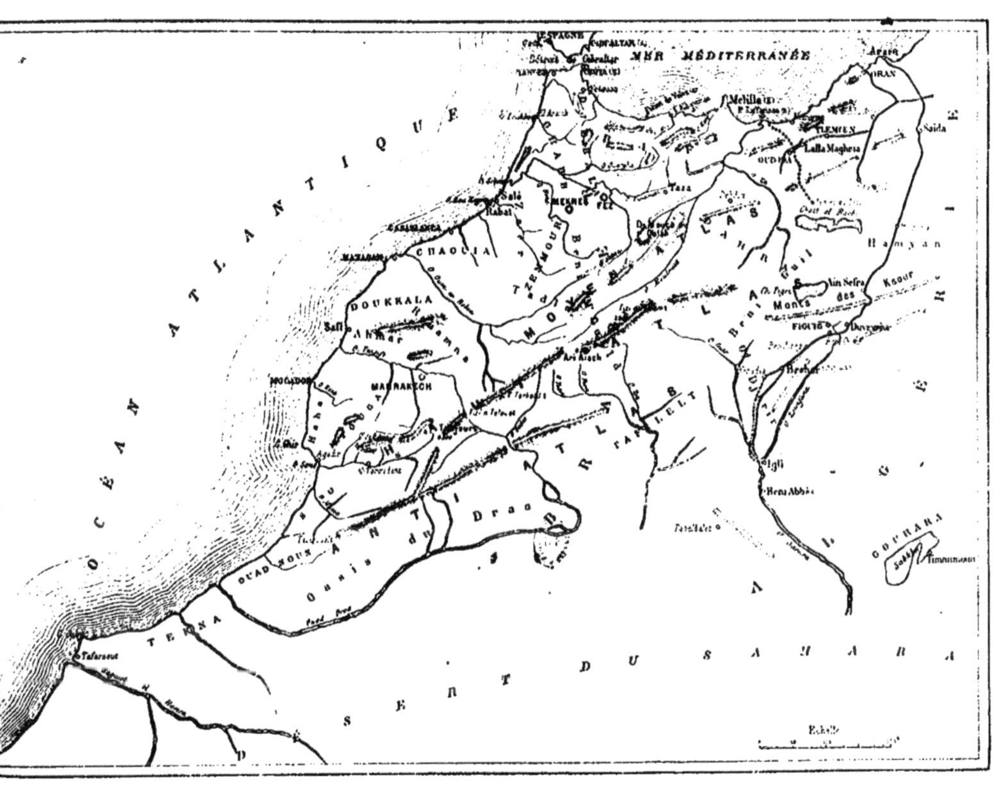

www.ingramcontent.com/pod-product-compliance
Ingram Content Group UK Ltd.
Pitfield, Milton Keynes, MK11 3LW, UK
UKHW022111070726
13613UKWH00002B/996